不調が消える！
体がコンパクトに！

奇跡の3日腹ペタ

呼吸整体師
森田愛子

ワニブックス

下腹ポッコリ、人間浮き輪の正体とは。

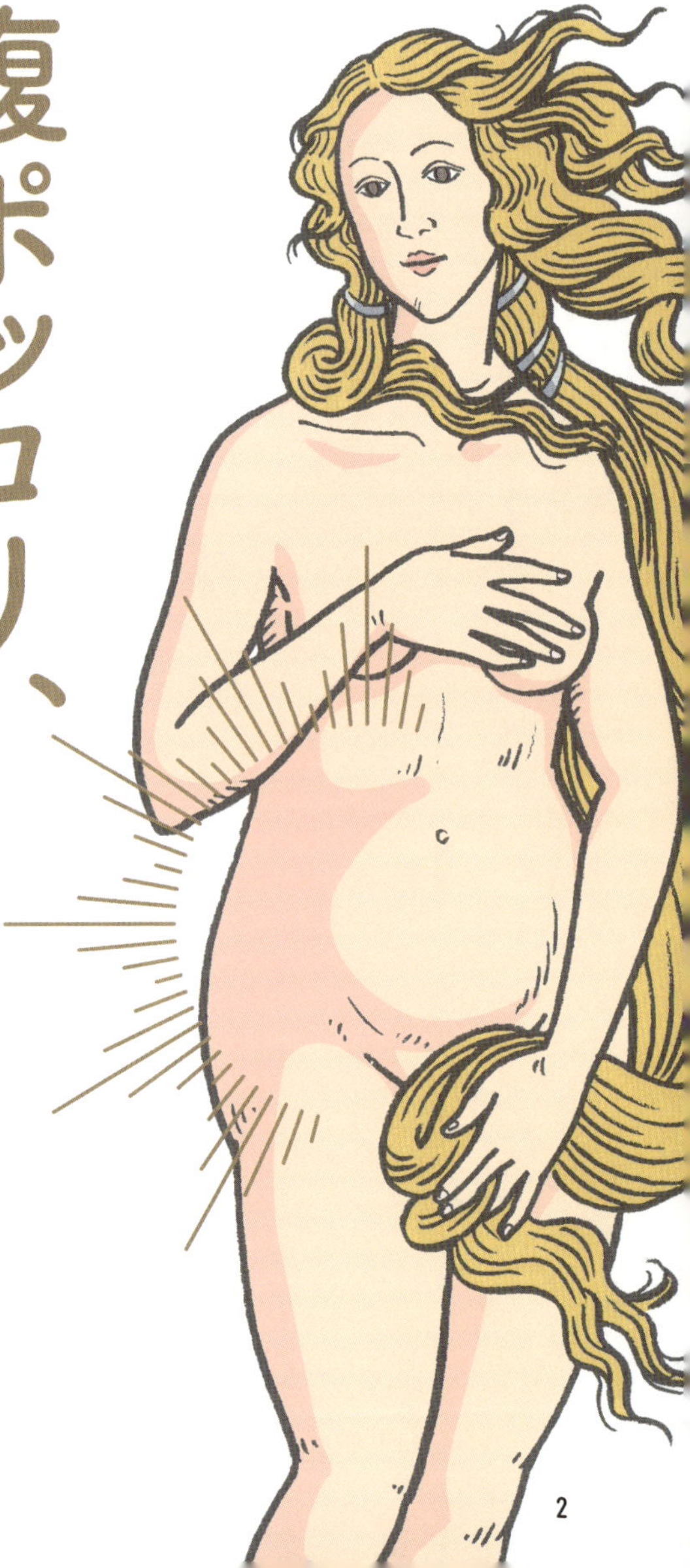

はじめに

多くの女性は、ボテッと出たお腹の原因を「食べすぎによる脂肪の蓄積や、加齢によるたるみのせいだ」と考えていますが、じつはそれだけではありません。

たとえば、誰もが気になるポッコリ下腹。これは、ふだんの間違った体の使い方や無意識の呼吸グセによって培われた悪《あ》しき「お腹のクセ」によって、肺の下にある横隔膜の動きが悪くなり、その影響を受けた周りの胃や腸といった臓器までもが緊張、下垂することで起こります。

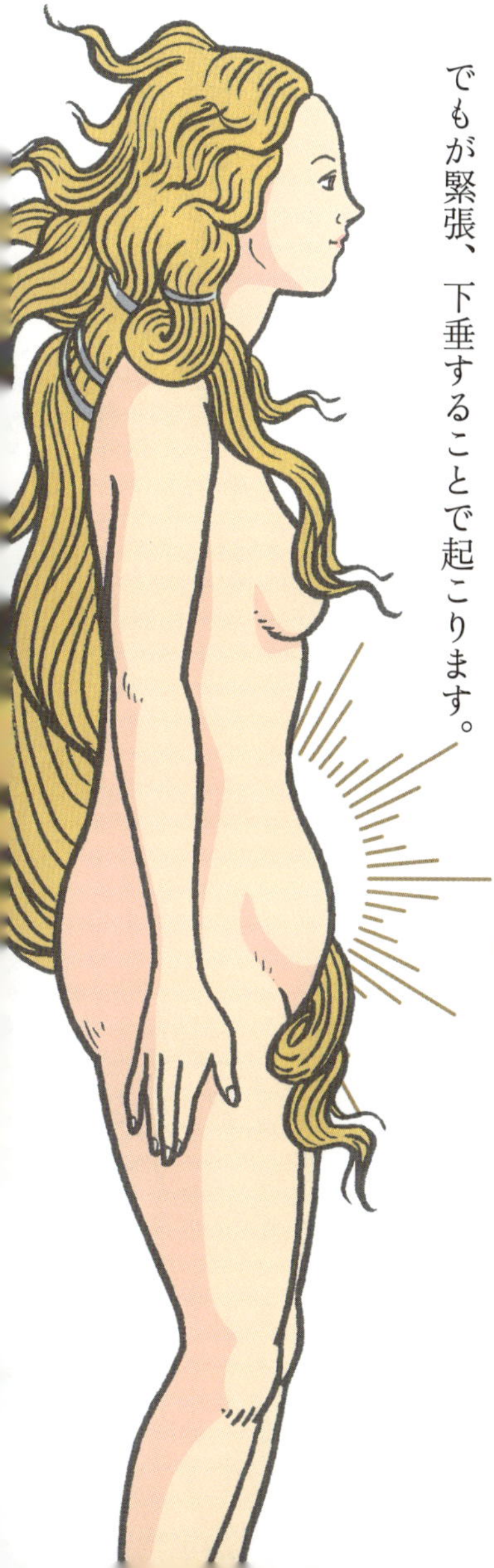

私がかつて整体師として約4万人の患者さんを診てきた中で、「不調を抱えている人は、お腹が膨張している」という共通点がありました。

人間の体の大中心にあたるお腹、とくに下腹部は、スタイルの良し悪しを印象づけるだけでなく、その人の健康状態を示す重要なバロメーターでもあります。

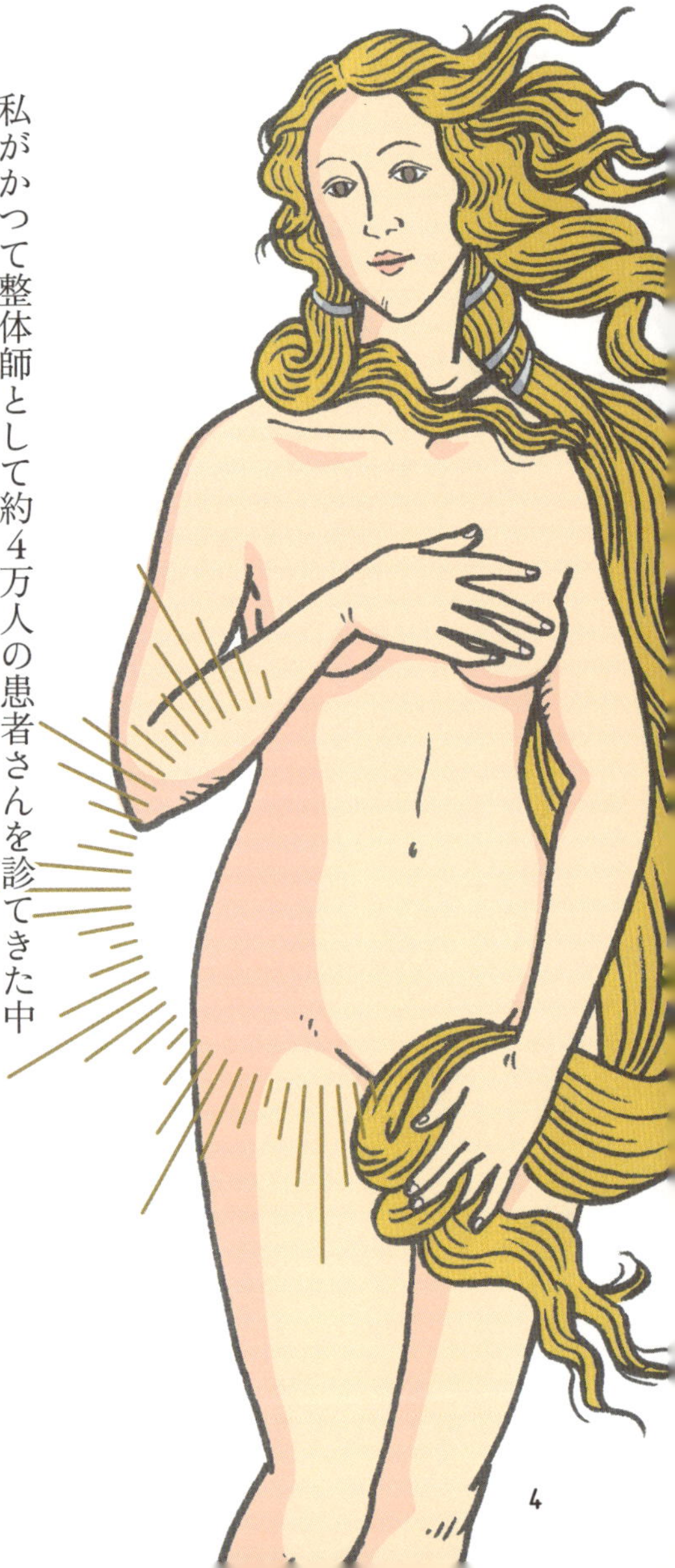

毎月訪れる生理、出産、閉経……日々、そして一生を通してめまぐるしく変化し続ける女性のお腹。
腹ペタワークには、下腹ポッコリや不調の原因をつくる「お腹のクセ」を修正するための動きを網羅しました。
本書が女性にとって一番重要なお腹に新たな視点を与え、一生元気で動ける体をつくるための一助となることを願っています。

本書はダイエット本ではありません

本書は「3日で腹ペタ!」というタイトルではありますが、ダイエット的なアプローチの本ではありません。私は治療家ですので、「体重やお腹周りの脂肪を3日で落とす!」というハウツーではなく、体全体がコンパクトになる感覚を3日で皆さんに感じとっていただけたらと思っています。

私の患者さんの多くが1回の施術で、「内臓があるべき所におさまったような感覚」「溜まっていた体の圧がプシューと抜けたよう」と不思議な感覚を得ていかれます。健康の副産物として体がタイトになっていく、そんな「腹ペタワーク」の仕組みをP14~の「森田式〝腹ペタ〟理論」で解説します。

腹ペタワークは、
すべての女性の味方です。
寝たまま、座ったままの簡単ワークで、
一気に腹ペタ&健康体に！

森田愛子

奇跡の3日腹ペタ、ここがすごい！

腹ペタワークは、体の不調とお腹周りの悩みを同時に解決できるスペシャルメソッドです。

不調が消える！

腹ペタメソッドは、慢性疲労、肩コリ、腰痛、生理痛や生理不順、婦人病など今あなたの体に出現している〝症状〟にフォーカスするのではなく、健康の根本・下地である「お腹」に直接アプローチしていきます。今抱えている不調や「お腹のクセ」は、医者や薬だけに頼ることなく、自分自身の力で改善できるもの。人間が持つ生命力や自然治癒力を強く太くしながら、真の健康体をつくっていきましょう。

体がコンパクトに！

腹ペタワークのメリットは、長年の不調・疲労体質から脱却できるだけでなく、気になっている体やお腹周りがひとまわりコンパクトになるという、うれしい〝おまけ〟までついてくること。3日も続ければ、見た目や体の軽さの違いをハッキリ認識できるでしょう。布団に寝ころびながら、または椅子に座りながらできる楽々ワークで、健康だけでなくスッキリ美腹も手に入れて！

目次

1章 プシューっと気持ちイイ！ 奇跡の3日腹ペタワーク

2章 体が膨張しているから、2割太って見える

3章 仕上げの腹ペタワーク

4章 8つの腹ペタプログラム全解説

5章 お腹さえ「ふわふわ」にすれば、疲れない、痛めにくい

6章 産後・更年期・妊活期 女の三大ヤマ場を乗り越える

7章 腹ペタ的 日常生活のルール

HARAPETA THEORY

森田式"腹ペタ"理論 1

腹ペタワークを行うと、
どんなふうにお腹が変わるの?

▷「横隔膜の動き」が良くなり、
しなやかな
ふわふわお腹になる。

HARAPETA THEORY

森田式"腹ペタ"理論

①「横隔膜の動き」

まず、お腹を触って自分の「お腹グセ」を確かめてみよう

横隔膜があまり動いていない人の大きな特徴として、呼吸が浅いことが挙げられます。

息が表面的かつ、偏った仕方になっているため横隔膜が上下する動きが弱く、その動きの悪さは、近くにある胃や腸などの臓器にも悪影響を与えているのです。

私は、そんな浅呼吸で動きの悪いカチカチお腹、ボテボテお腹を見てきて、ひとつの共通点を見つけました。それは、緊張から来る「上腹部の張り」と、同時に起こってくる「下腹部の膨張」。私はそれを、「お腹のクセ」と呼んでいます。P17を参考に、まずは自分のお腹を触ってみてください。

HARAPETA THEORY

森田式"腹ペタ"理論

①「横隔膜の動き」

「お腹のクセ」にはいろいろなタイプがある

「お腹のクセ」は、人によって異なり、様々なタイプがあります（細かい種類や把握の方法については、4章で詳しく解説していきます）。

腹ペタワークは、このような一人一人が持つ「お腹のクセ」を、体を動かしながら調整。気になるお腹周りをすっきりコンパクトに、そしてこの悪しき「お腹のクセ」によって生まれる不調の原因を大元から改善し、不調の起きにくい体へと導いていきます。

CHECK!!
ここをチェック！

上腹の力みと下腹の膨張を触って確かめてみよう

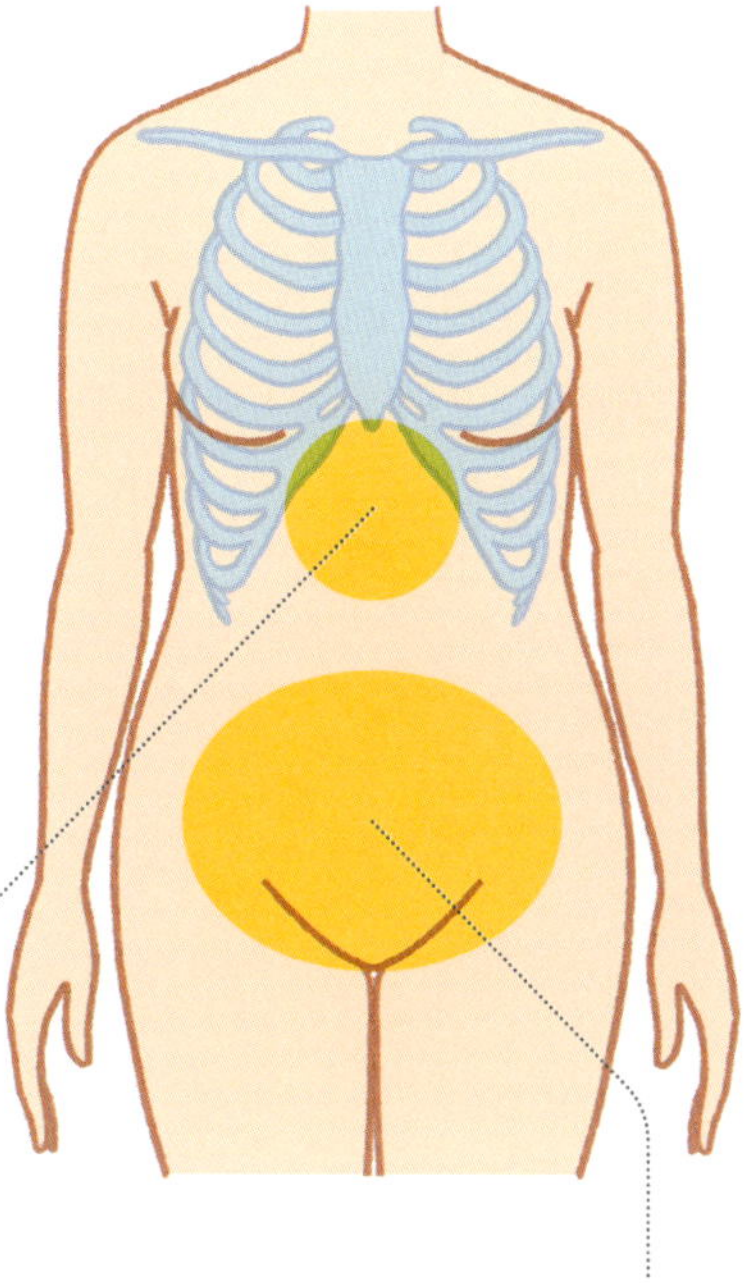

#チェック1　上腹部

上腹部（胃の部分）に四指を挿しこんだとき、**指がすんなり入らなかったり、オエッとするような気持ち悪さ**を感じませんか？

#チェック2　下腹部

下腹部を同じように触ったとき、**膨らみ切った風船のようにパンパンに膨張している感覚**はありませんか？

HARAPETA THEORY

森田式“腹ペタ”理論 2

無意識の呼吸や
横隔膜の動きって治せるもの？

▷

短期間で
「正しい体の使い方」を
インストールして治します。

HARAPETA THEORY

森田式"腹ペタ"理論

②「正しい体の使い方」

不調や病気の芽になる体の「圧」とは

突然ですが、皆さん床に落ちた物を拾うとき、どう拾いますか？ まずは目で落ちている物を捉え、その方向へ手を伸ばしていきますすよね。でも、その方法だとほとんどの人は「浅呼吸」になってしまっています。

こうした動きは一見合理的に見えますが、拾い上げる瞬間、肝心のお腹はグッと緊張。同時に、呼吸がウッと止まるのがわかります。

実際に動いてみると体感できるのでやっていただきたいのですが、手を伸ばすと胃のあたりにクッと力が入り、全身の血が頭に上るような「圧」の高まりを感じるはずです。その圧を高める動きの積み重ねこそ、不調の芽となる原因です。

HARAPETA THEORY

森田式“腹ペタ”理論

②「正しい体の使い方」

正しいお腹の使い方を知れば3日で体がコンパクトに！

腹ペタワークとは、そんなふうにして体に溜まってしまった圧の栓をプシューと抜くと同時に、圧が溜まらないような体の動かし方を脳にインストールするメソッド。

まずは3日間、お試しでワークを続けていただき、体が中心におさまっていく感覚を知ってください。1日目では全然わからなかった体の使い方が、2日目には手ごたえとして感じられ、3日目には見た目として体がコンパクトになる変化を見てとれるはずです。さらに3週間続ければ、圧の溜まらない健康な体へと体を育て直すことができるのです。

患者さんにもよく言う例えなのですが、一度自転車に乗れた人は、久しぶりに自転車に乗っても、なんとなく感覚を思い出して乗りこなすことができますよね？　体の使い方も同じで、一度「お腹を正しく動かす」という情報を体と脳に入れてしまえば、健康のサイクルは好循環へと傾きます。

4万人のお腹を触ってきた私が思う〝健康状態の良いお腹〟とは、上腹部がやわらかく、下腹部は膨らませることも凹ませることもできるお腹。不調体質で悩んでいる人のほとんどは、膨らませることはできても凹ませることができないという特徴を持っています。それは、筋力がある・なしの問題ではありません。

人間の中心であるお腹をしっかり動かせている人は、呼吸も深く、横隔膜もしっかりと動き、全身の巡りも良い。これこそが健康の要《かなめ》であると私は思っています。

腹ペタワークの掟《おきて》

腹ペタワークを行うときに必ず守ってもらいたいポイントは、この2つです。

- 上腹部に力を入れない
- 下腹部を凹ませる

腹ペタ成功のカギを握る、上腹部と下腹部の使い方

腹ペタワークの目的は、上腹部の緊張グセや下腹部が適切に使えていないといった無意識の「お腹のクセ」を修正すること。そのために守っていただきたい約束事が、「上腹部に力を入れない」「下腹部を凹ませる」という2点になります。実際に体感してみましょう。

まず、息を吸って口から勢い良くフーッと吐いてみてください。このとき、上腹部に力が入る感覚はありませんか？ ワークを行うときは、こんなふうに上腹部にギュッと力を入れてはいけません。

今度は、腹筋運動を思い出してみてください。腹筋時に感じる下腹部にウッと力が入るような感覚、このようにお腹を膨らませるようなお腹の使い方もNGです。

腹ペタワーク 呼吸法

腹ペタワークのキモとなる
呼吸法とお腹の使い方を練習しましょう。

立っても
座っても正座でも
落ち着く体勢
で行う

※聞こえるか聞こえないかくらいの静かな音で吐く。

1.

鼻から少しずつ息を入れる

おへその下に手を当て、一定のスピードで少しずつ息を入れていく。

2.

口から少しずつ息を吐く

これ以上吸えないところにきたら、一定のスピードで少しずつ息を吐いていく。

CHECK!! ここをチェック！

下腹部が凹むような動きが出てくる！

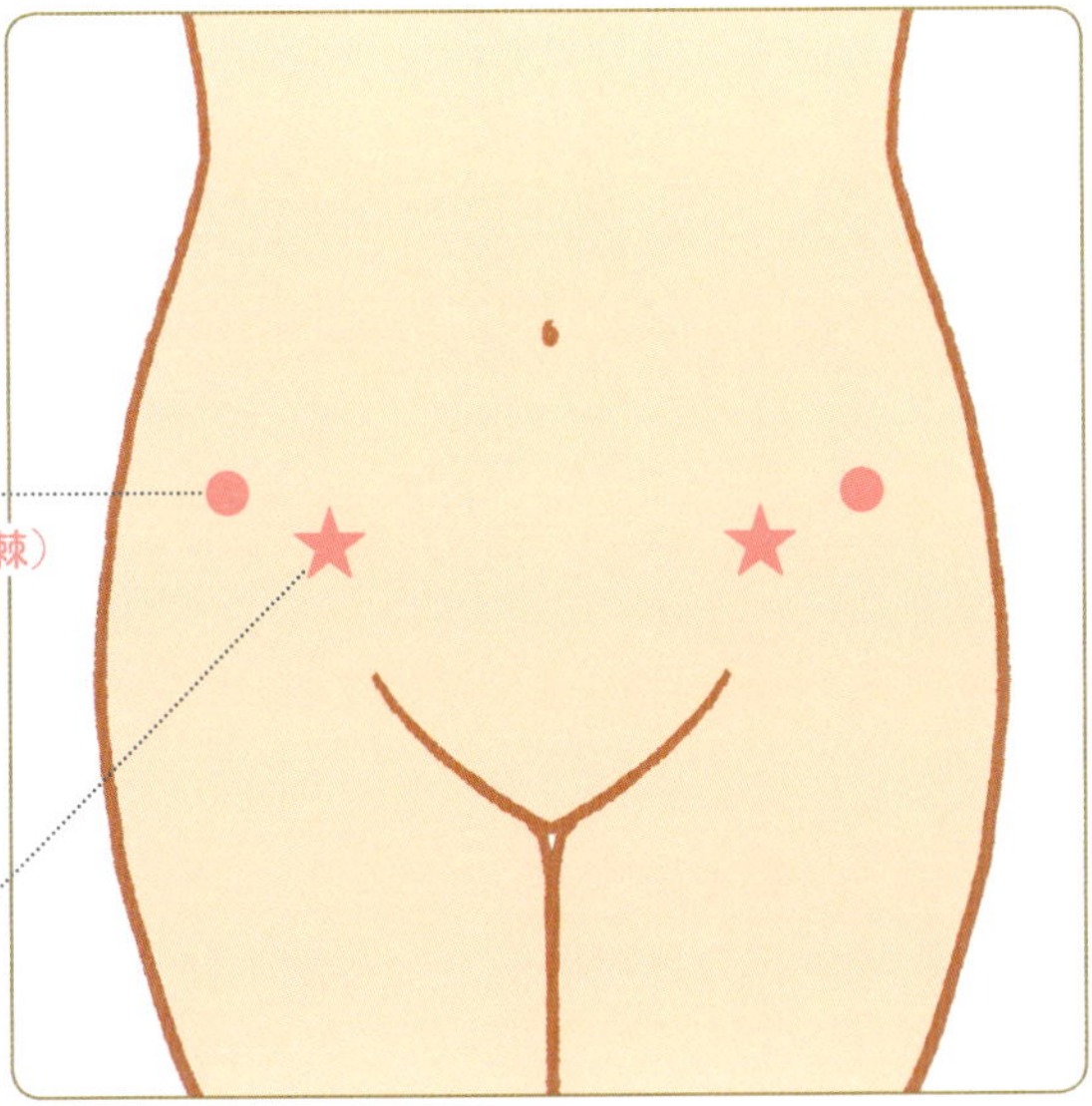

#ここが下腹部スイッチ

下腹部スイッチとは、**上《じょう》前《ぜん》腸《ちょう》骨《こつ》棘《きょく》（ASIS）の内下方にあるポイント**で、下腹部を凹ますと※**筋隆起**が起こる場所。

※キュッと力が入る、もしくは筋肉が硬くなる。

3.

そのまま息を吐きながら下腹部を凹ませる

下腹部が凹む際、図の「下腹部スイッチ」に盛り上がるような力が入る。それを感じられると理想的。

腹ペタワーク呼吸法と下腹部スイッチ

腹ペタワークで一番大切なお腹の使い方を身につける

腹ペタワーク呼吸法は、ワークを行う上で最も重要になる「上腹部に力を入れない」「下腹部を凹ませる」という、腹ペタの最重要ポイントともいえるお腹の使い方を身につけるためのもの。これを守らないと、いくらやってもワークの効果を出すことはできません。

大切なのは、とにかくやさしく吸って、やさしく吐き、上腹部に力が入らないようにすること。とくに吐くときは、スーッと聞こえるか聞こえないかくらいの音を出し続けてください。

そのように息を吐き続けていると、次第に下腹部が凹むような動きがあらわれると同時に、Ｐ25で示した「下腹部スイッチ」に盛り上がるような力を感じられると思います。

息を吐いたときにここがきちんと動くか・動かないかは、あなたの健康や見た目にも大きく関わってくるところです。

逆に、腹ペタワークで一番やってほしくないことは、「息を思いっきり吸って吐いてやろう！」と強い意識を働かせること。

シュー！　ハー！　フー！　と強い音を出しながら行うと、上腹部に力が入ったり、下腹部に余計な腹圧がかかったりと、ボテ腹の元凶となる悪いお腹のクセが出てしまいます。

1章
プシューっと気持ちイイ！
奇跡の3日腹ペタワーク

CHAPTER 1.

膨らみ切った風船のように張りつめたお腹。
お腹に溜まった不調や疲労の栓を
プシューっと抜くように、
体を気持ち良く動かしながら
全身の“圧抜き”を行っていきましょう。
3日続ければ、今まで得たことのない軽快感、
体のコンパクト感を味わえます。

HARAPETA WORK

腹ペタワーク 1

足のつけ根ゆるめ

下腹部に関係の深い、
鼠径部（足のつけ根）のしなやかさを
回復させます。

1. 仰向けになる

2. 左股関節と左ひざを曲げる。その状態で、右脚を骨盤から下方に抜いていく

#腹ペタPOINT!

胸に押し付けずに**頭の方に抜いていくように曲げる。**

#腹ペタPOINT!

動きが止まっても**かかとを押し出す力は消さない。**

かかとを浮かせない

脚の根元からかかとを出すように

CHECK!!
ここをチェック！

力の方向性を消さないようにする

HARAPETA WORK

腹ペタワーク 2

足ゴロゴロ

足から骨盤、背骨までを連動させて、
しなやかな背骨をつくります。

1. 仰向けになる

両手は真横、肩の高さくらいで
手のひらを天井に向ける

2. 左ひざを上げる

そのままの姿勢で、
左足かかとを引き寄せる

3. コンタクトポイントを押しながら左ひざを倒す

①〜③のプロセスを守って動かす

#腹ペタPOINT!

足裏のコンタクトポイントを押すことで自然に**かかとが上がり**❶、**ひざが倒れる**❷。その結果、骨盤が回る❸。

CHECK!!
ここをチェック！

▼

コンタクトポイントを意識する

コンタクトポイントとは、**力を通すポイント。人差し指と親指の根元部分**にあたる。

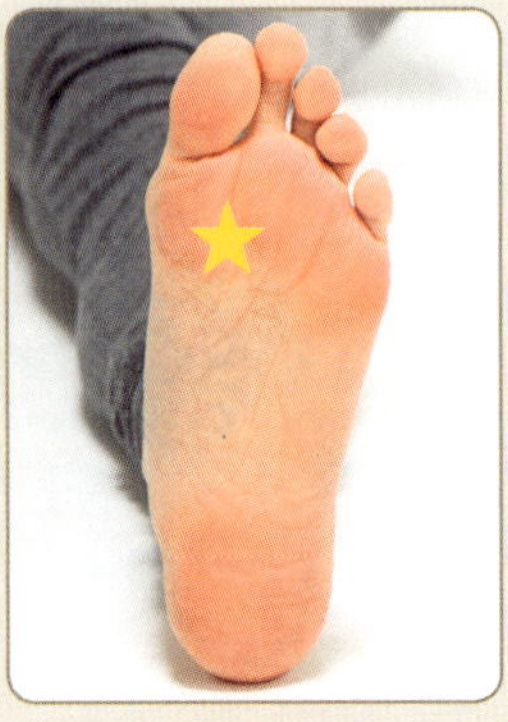

4. 体を横向きにする

腰、胸の裏、肩甲骨と下から順序よく動かす

#腹ペタPOINT!

右ページの❶〜❸のプロセスをベースに、**腰**❹、**胸の裏**❺、**肩甲骨**❻と順番に動きをつなげるようにして右を向く。

いきなり肩から浮かせるのはNG。下から順番に動かしていく

5. 横向きになったところで脱力

CHECK!!
ここをチェック!

背骨自体を
動かそうという
意識を強く持たない

戻り方

10〜20回
くりかえす。
反対側も同様に
行う

お尻から順番に戻るようにする

1

2

3

4

左尻の自然な重みを使って戻ると、
腰、背骨の中半、肩甲骨、肩と順序よくついてくるように自然に戻れる。

HARAPETA WORK

腹ペタワーク 3

手ゴロゴロ

呼吸のしやすさやお腹の動きに直結する背骨。
手からの連動で、しなやかな背骨を手に入れます。

1. 仰向けになる

両手は真横、肩の高さくらいで
手のひらを天井に向ける

2. 左手を上げる

天井に向かって遠くの物を
取るように上げる

3. 左手を右に倒していく

左手のひらを右手のひらに重ねるように近づける

#腹ペタPOINT!

ある程度**左手を倒していくと、右肩の裏で床を押す力**が自然に生まれる。**左手と右肩裏の押す力を両方意識する**と、自然に横を向ける。

CHECK!! ここをチェック！ ▶ **手の動きにつられて背骨がついてくるように動く**

4. 両手を合わせる

手の動きに合わせて順序よく体を動かしていく

#腹ペタPOINT!

胸椎❷、**腰椎**❸、**骨盤**❹、**脚**❺と順番に波及していくように動かす。**肩**❶と**脚**❺を同時に動かすなど順番を間違えないこと。

CHECK!!
ここをチェック!

おへそも含めて下腹部を凹ませながら動く

5. 半分うつ伏せになったところで脱力

戻り方

お尻から順番に戻るようにする

10〜20回
くりかえす。
反対側も同様に
行う

1

2

3

4

手や肩、体幹から戻そうとしない。お尻から戻し、他の部分は勝手についてくるというイメージで。

HARAPETA WORK

腹ペタワーク 4

寝ゴロゴロ

お腹の深いところを使って動きながら、
手足と体幹のバランスを整えます。

1. 仰向けになり両手前ならえ

両手のひら、両脚をピッタリ合わせる

2. 両手バンザイ

ひざやひじを曲げない

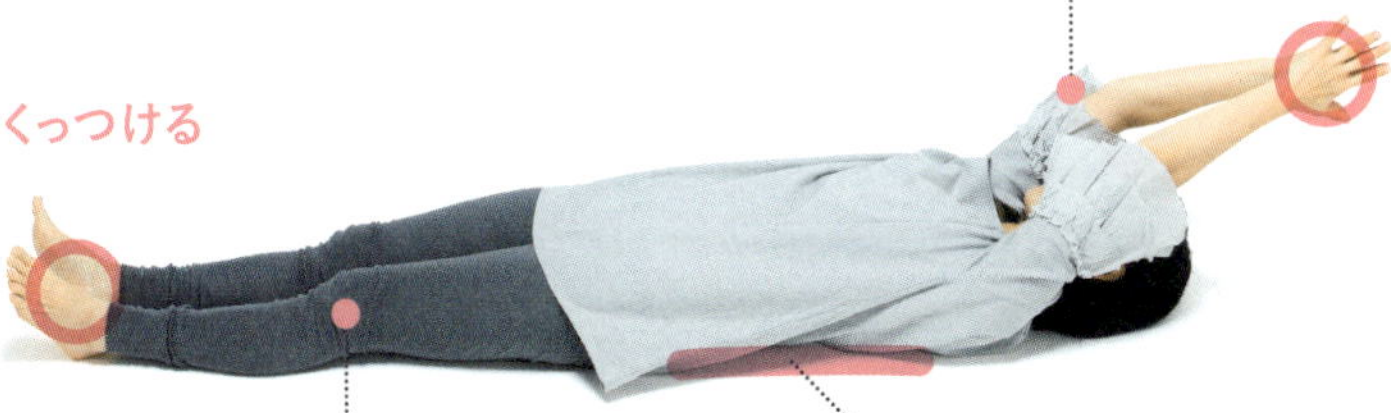

ひじは
曲げない
くっつける
くっつける
ひざは
曲げない

#腹ペタPOINT!

背中が反るくらいまで**腕を上げすぎない**ようにする。

CHECK!!
ここをチェック!

下腹部を凹ませることができればgood!

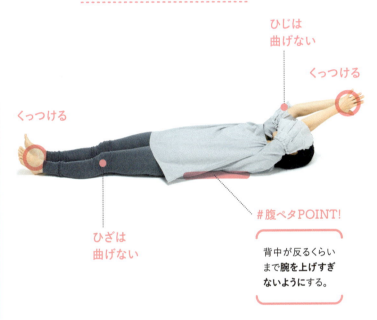

#腹ペタPOINT!

腹筋に腹圧を高めるような力の入れ方をしない。お腹はおへそも含め、下腹部を凹ませながら動く。

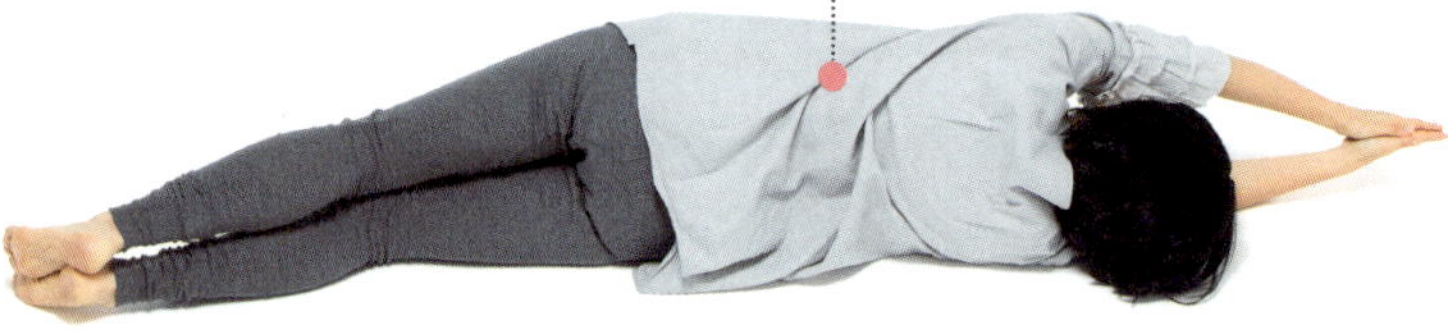

3. 右側にゴロン

手や足を離さず、ひじやひざはできるだけ曲げないようにする

4. うつ伏せになる

手や足を離さず、
ひじやひざは曲げない

※慣れないうちは
少し曲がってもよい

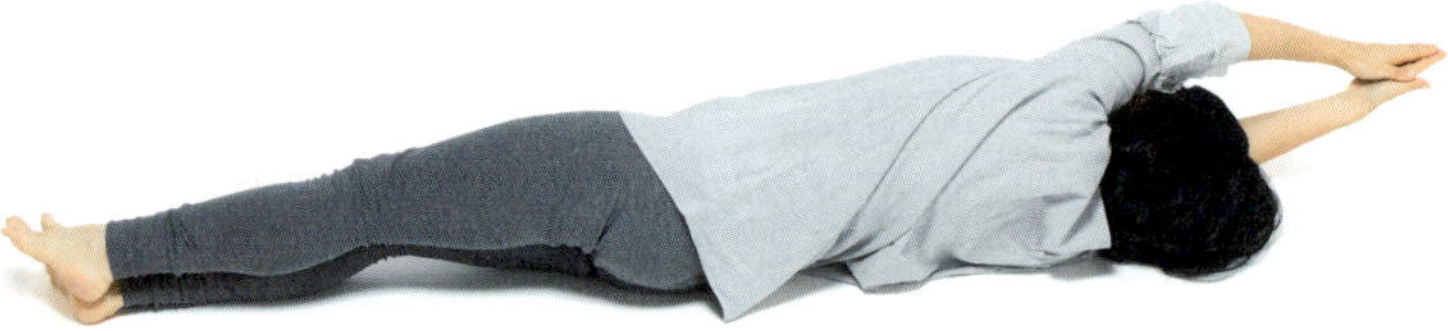

5. 元の方向に戻る

#腹ペタPOINT!

腹筋に腹圧を高めるような力の入れ方をしない。お腹はおへそも含め、下腹部を凹ませながら動く。

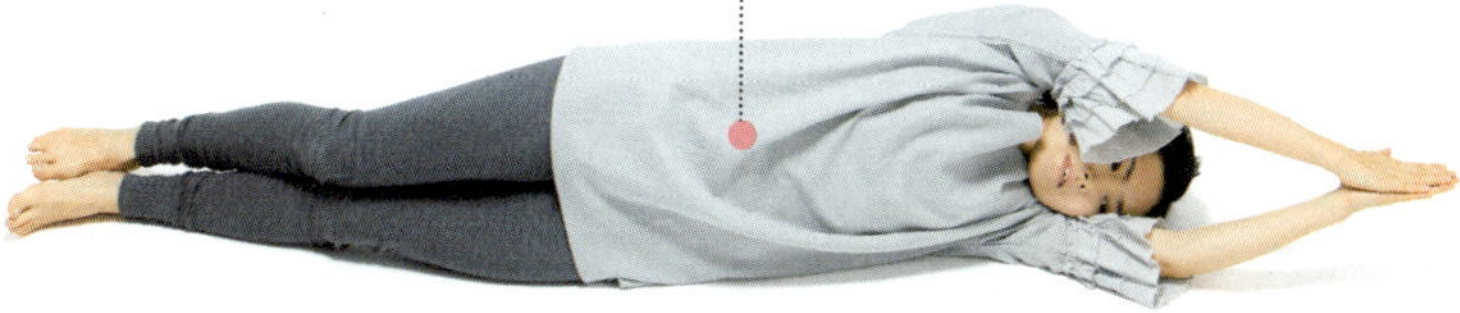

6. 左側にゴロン

2.から6.を
10〜20回
くりかえす

HARAPETA WORK

腹ペタワーク 5

森田式 丹田呼吸

下腹部のしなやかさを取り戻し、
体全体を調和へ導く重要な呼吸法です。

1. 仰向けになり やさしく前ならえ

肩甲骨を床から離し、
背骨を床につける

2. 丹田を膨らませながら深呼吸

丹田に指をセットし、指を押し返すように下腹部を膨らませて深呼吸

#腹ペタPOINT!

お腹を膨らませるとき、**5～8秒かけて鼻から息を吸い**、戻すときは**10～20秒かけて口から細く長く吐く。**

❶～❸を忘れると丹田が反応しなくなる。**できていれば、自然に丹田を押せる❹。**

5回行って一休みを2～30回

1 腕はうちまき
2 肩甲骨と肩は前に
4
3 後頭部と背骨だけが床につく

CHECK!!
ここをチェック!

▼

丹田の位置はここ

へそから手の指4本分下の位置にある。

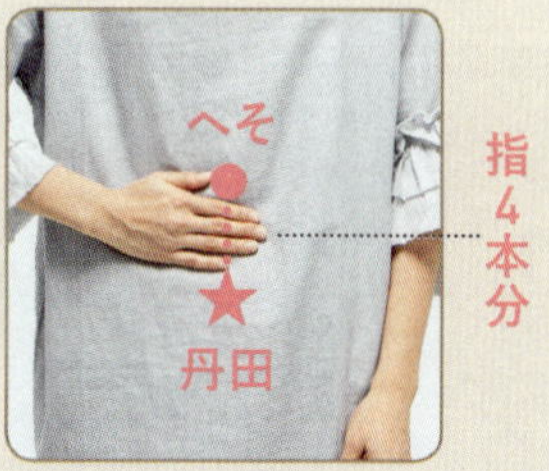

へそ
指4本分
丹田

2章

体が膨張しているから、2割太って見える

CHAPTER 2.

同じくらいの身長、体重の彼女より、
私のほうが太って見えるのはなぜなんだろう？
その理由は、無意識の呼吸グセ、力みグセによって
つくられた「体の膨張」にありました。
実体重よりもあなたを太く見せてしまう、
カチカチ腹、ボテボテ腹の原因を探ります。

体の膨張を体験

2種類の呼吸を行って、体の内側から「圧」がかかる感覚を体験してみましょう。

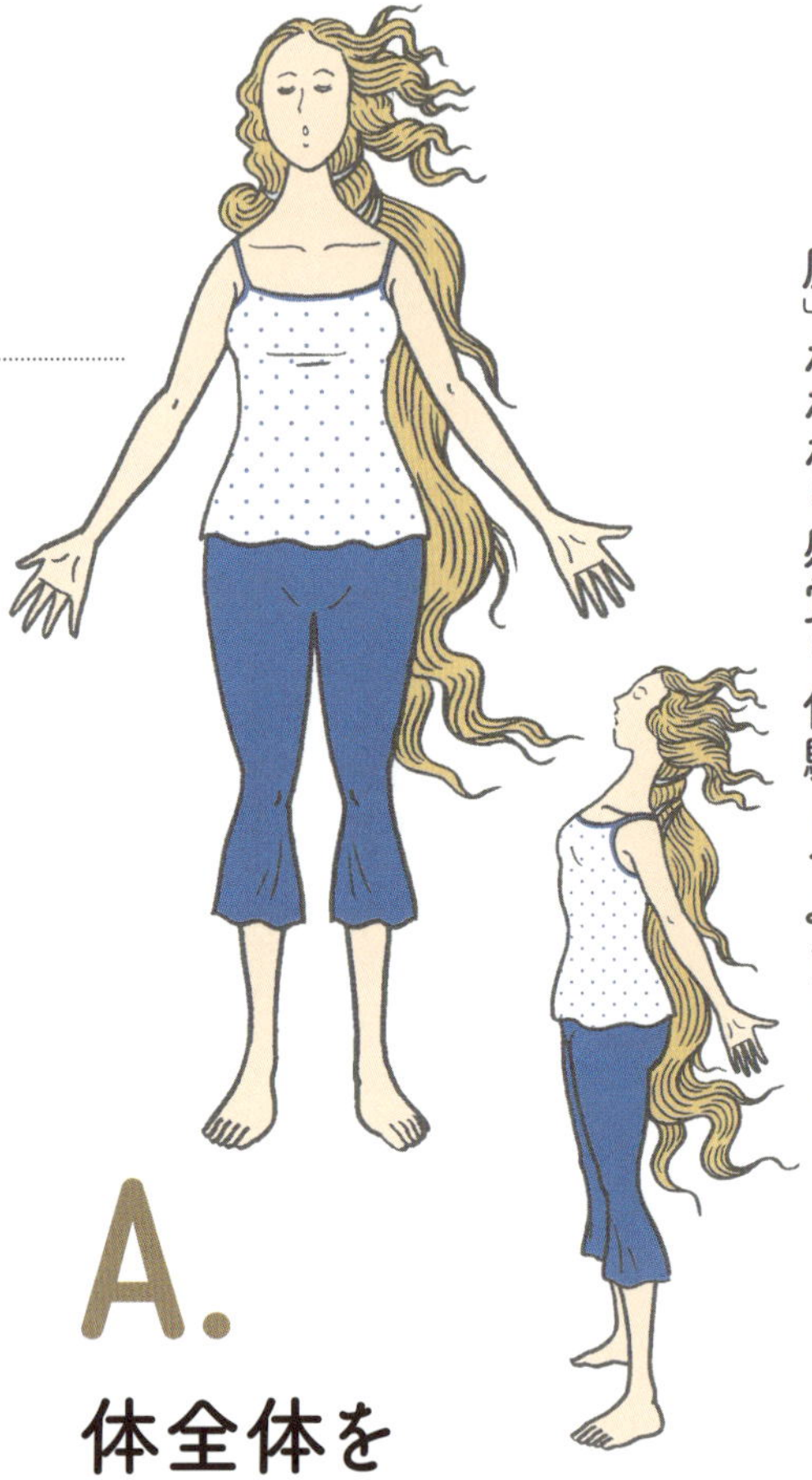

A.

体全体を大きく使ったいつもの呼吸

胸と手を大きく開き、体の前側を広げて立つ。

そのまま大きく息を入れて吐く

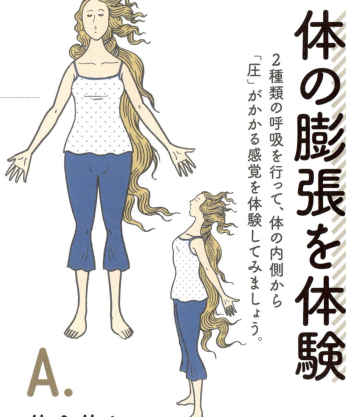

やり方を
変えて
もう一度

B.

うちまき姿勢で行う原始人呼吸

次に、背中を少し丸く、手はうちまきに
足もやや内股にした"原始人"のような姿勢で立つ。
そこで深く息を入れて吐く

CHECK!!
ここをチェック！

「圧」の高まりを
感じるのはどっち？

お腹太りの犯人は、体の膨張圧

呼吸の仕方でこんなに違う、お腹のカチポテ度

本章のはじめに、なぜ2種類の呼吸を行ってもらったか？　それは、お腹太りの原因ともいえる「体の膨張」をご自身の体で実感してもらうためです。

最初に行ってもらったAは、あごが上向き体がのけぞるような体全体を使った呼吸。一見深い呼吸ができているように思えますが、吐い

た息はお腹の底に落ちることなく、胸やお腹の前あたりに〝逃げて〟しまっています。

一方、Bの原始人呼吸は、前著『深呼吸のまほう』で深呼吸をするのに適した姿勢として紹介しているもの。

注目したいのは、Aの姿勢で呼吸したときの胸や胃、下腹部に感じる外側に広がる張りつめたような「圧」。じつはこの圧こそが、お腹の膨張の正体なのです。

太って見える人の多くは、お腹をはじめ、首、肩など体のやわらかい部分に膨張圧が慢性的にかかっている状態。そしてこの「圧」を生み出す元凶こそ、Aのような浅い呼吸によってもたらされる〝呼吸の逃げ〟なのです。

次のページからは、呼吸とお腹の膨張の因果関係についてもう少し詳しく解説していくことにしましょう。

膨張の原因①
呼吸のエラー

ざっくりまとめると……

1. 吸ってばかりで吐けていないから、お腹に「膨張圧」がかかり続ける。

2. 浅呼吸＋手足先からの緊張でお腹は力みのサンドイッチ状態。

浅く止まりやすい呼吸グセが膨張を招く

体の膨張と深く関わっている「呼吸」。自分のお腹にそっと手を当ててみると、独特の〝呼吸のリズム〟を感じとることができます。息を吸うと体は膨らみ、吐くと体がしぼむ（凹む）。息は、吸えることと吐けることが両方大事なのですが、お腹太りに悩む女性の多くは呼吸が浅く、息は吸えても吐くことが不得手。「しぼむ」「凹ませる」というお腹の使い方がほとんどできていません。

吸ってばかりで吐けない、お腹を膨らませることはできても凹ませることができないというのは、体の内側からかかり続ける「圧」で、お腹が常にカチカチ・ボテボテ状態であることを意味します。

私たちが1日に行う呼吸は、約3万回。無意識の呼吸習慣が、お腹の膨張を招き、あなたの体を太く大きく見せているのです。

体の力みが呼吸のエラーを招く

呼吸が浅く止まりやすい。その原因は、日常生活の中で私たちの体にたびたび生じてしまう「緊張」と「力み」にあります。

たとえばオフィスでパソコンに向かうとき、無意識に手先を力ませ、肩に余計な力を入れていませんか？ ついでに足先も観察してみると、足指に不自然な力が入りギュッと丸まっているはずです。

手から入った緊張は、ひじ、肩、首へ、足から入った緊張はひざ、股関節、骨盤へと伝わり、最終的にはお腹（体幹）をガチガチに固めます。いわば、呼吸の中枢であるお腹が力みのサンドイッチ状態。こんなお腹では、まともな呼吸ができるはずもありません。

体が力めば呼吸が浅くなる、呼吸が浅くなれば体が力む。呼吸と力みの改善は、〝腹ペタ〟を語る上で避けて通れないテーマなのです。

手足先から伝わった緊張により、
上腹部がガチガチに固まり、
浅い呼吸しかできなくなっている。

膨張の原因②
内臓のおさまりの悪さ

ざっくりまとめると……

1. 呼吸のエラーによって、横隔膜やその周りにある胃腸の働きが低下。

2. 下腹ポッコリの原因のひとつは、内臓の動きが低下することによる内臓下垂。

浅呼吸の影響をモロに受ける横隔膜

前のページでお伝えした呼吸のエラーは、ゆくゆくは内臓の動きや働きという体の内側部分にまで影響を及ぼします。

まず呼吸力が低下することでダイレクトに影響を受けるのが、肺のちょうど下あたりにあるドーム形の横隔膜です。

横隔膜は息を吸う・吐くという呼吸の動きに合わせて上下に動いていますが、これが吸えない・吐けない浅呼吸状態が続いたとしたら一体どうなってしまうでしょう。

横隔膜そのものの動きが悪くなることはもちろんですが、横隔膜の周辺にある胃や腸といった臓器も付随して動きが悪くなることは避けられません。

動かなくなった内臓が前下方に下垂

ところで人間の内臓って、どういうカタチで体の中におさまっていると思いますか？　基本、内臓は体の内側に全く動かないように固定されているわけではなく、動く余地を残した状態で位置しているのです。

内臓も運動させなければ、その動きや働きはどんどん落ちてしまいます。呼吸力が落ちることで動きの悪くなった各臓器はこのままどうなってしまうかというと、体の前下方部分にダランと下垂する力が生まれます。

これが巷《ちまた》でよく言われる「内臓下垂※」であり、みなさんが気にしている〝下腹ポッコリ〟の正体のひとつでもあります。

下腹ポッコリの原因は、単なる食べすぎ、脂肪のつきすぎだけではなかったのです。

※ここでいう内臓下垂とは、物理的に内臓が下がるというより、下がる力がかかってしまう状態のことを指します。

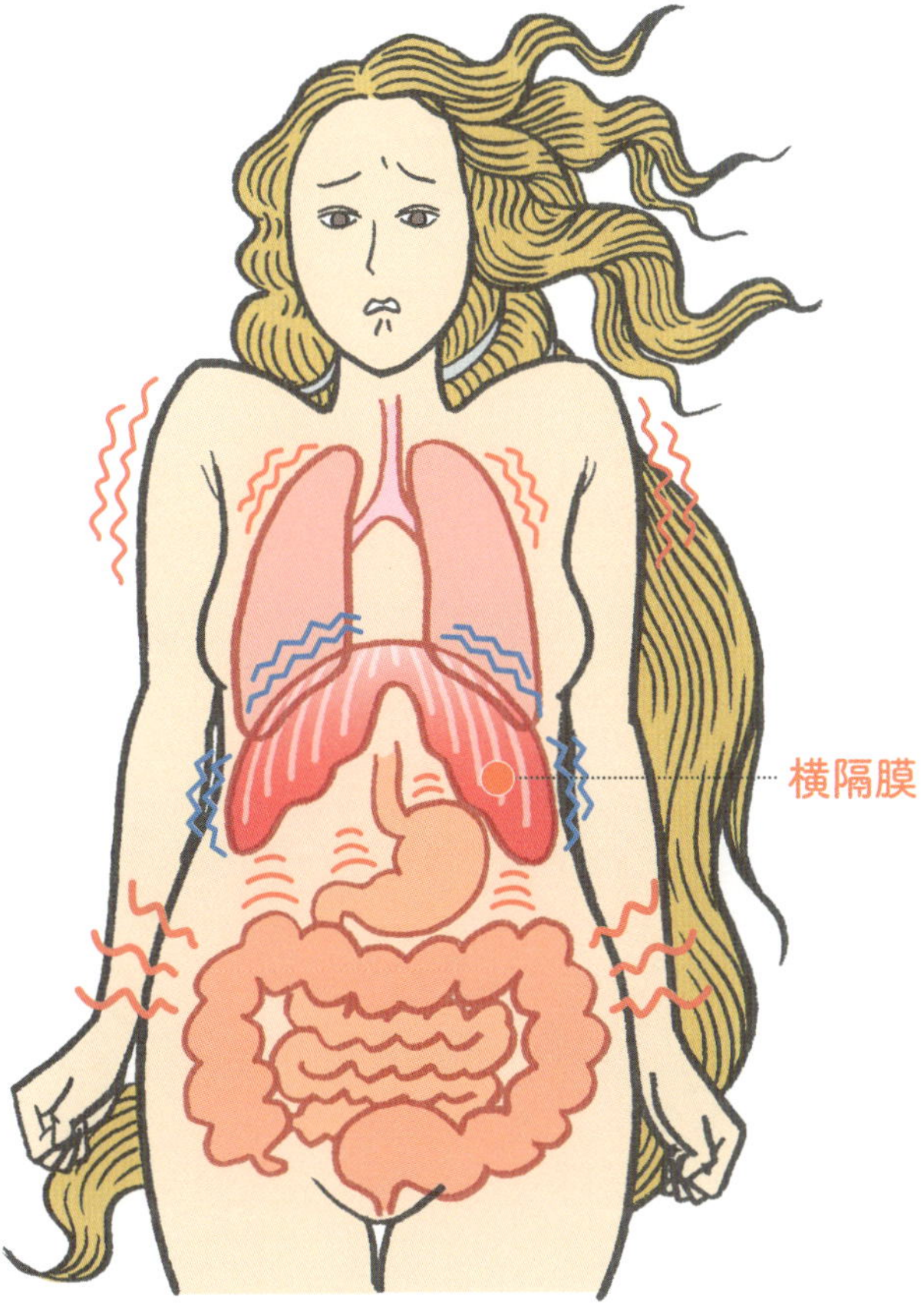

浅い呼吸により横隔膜の動きが悪くなる。

▼

周辺の胃や腸の動きや働きまで悪くなる。

▼

動かなくなった内臓が下垂する。

お腹の使い方を変えるだけで瞬時に体がコンパクトに

呼吸と動きの改革で腹ペタを叶える

パツパツに膨張した風船腹にポッコリ下腹……本気でお腹をコンパクトにしたい、腹ペタを叶えたいと思ったら、あなたが10年20年とかけて培ってきた悪い「お腹のクセ」を修正し、正しい使い方ができるお腹へと導いていく必要があります。

そのカギを握るのが、呼吸と動きの改革です。改革などと大げさな言葉を使ってしまいましたが、じつはそんなに難しく考えることはないんです。

呼吸の際、「お腹のどこの部分がどのように動いているのか」は腹ペタを叶えるキモになります。

〝しっかり吸えて吐ける〟ということさえできていれば、腹ペタにとって一番イヤな上腹部の力みグセや下腹部の膨張グセなどが出現することはありません。

動きに関しても、体の大中心である腰腹から動くということを心がけていけば、体は力むことなく、むやみにお腹を緊張させ固めてしまうこともないのです。

呼吸が浅くなれば体は力み、体が力めば呼吸は浅くなる。つまり呼吸を改革するということは、動きを改革することでもあります。

バッグのワークを体験

3章の仕上げの腹ペタワーク（P74）に向けておさえておきたい、大事なポイント。

A. 片手前ならえをしてバッグを手首にかける

普通に前ならえをしてバッグをかける

小さく前ならえをしたあと、大きく前ならえ。
そのまま、重めのバッグを手首にかける。

B. 前ならえをする力を消さないでバッグを手首にかける

前に意識を
伝え続ける
やり方を
変えて
もう一度

手を前に出し続けながらバッグをかける

小さく前ならえをしたあと、手を前に出し続けながら大きく前ならえ。そのまま、バッグを手首にかける。

CHECK!! ここをチェック！ ▶ **バッグの重さが違う！**

なぜ重たいバッグは一瞬にして軽くなったのか

動きや形だけでなく体の中に発生する力を見る

3章の仕上げの腹ペタワークへ進む前に、このバッグのワークにチャレンジしていただいたのは、3日腹ペタを実現する上で大切なもうひとつのポイントをお伝えするためです。

さて2つのバッグのワーク、体験してみていかがでしたか？ バッグの質量は変わらないはずなのに、なぜ重さの感覚がこんなに劇的に違うのか、本当に不思議ですね。

バッグの重みをズッシリ感じたAは、その重みに対してグッとこらえるような感覚が働いていました。一方、Bは重みを感じながらも「こらえる」という感覚はなかったと思います。

見た目の形や動きはまったく同じ。唯一違うのは、Bでは〝前ならえをする力を消さないように〟手を出し続けていたことだけです。

一方でAのように、力を止める、溜める、こらえるといった行為は、体やお腹の緊張、力みへつながり、コリや痛みをはじめさまざまな不都合を引き起こします。

ワークを行うときは、目に見える動きや形だけでなく、目に見えない無形の力（体の中に生じる力、方向性）もしっかり考慮することが重要になります。これらをしっかり意識して動くと、さらにお腹をしっかり使えるようになり腹ペタ効果も出やすくなるでしょう。

3章
仕上げの腹ペタワーク

CHAPTER 3.

お腹のクセを修正する動きに、
「呼吸」を取り入れた仕上げの腹ペタワーク。
息を吸う、吐く、動く。
この3つを組み合わせることで、
お腹は体の中心におさまりやすくなり、
腹ペタのポテンシャルはグンとアップします。

HARAPETA WORK

仕上げの腹ペタワーク 1

うずくまり呼吸

呼吸の逃げをなくし、体の中心で深い呼吸ができるようになる呼吸法です。

1. 小さく前ならえ→大きく前ならえ

椅子に座り、足は腰幅に開く

2. 両手を合わせ、背中を丸める

肩甲骨から腕を
前に移動させる

3. 両腕のひじをくっつける

指をほどき、
両ひじをつける

4. 前屈する

両ひじをおへそにつけ、
体を前に倒す

5. 背中全体に息を入れて吐き切る

#腹ペタPOINT!

5〜8秒かけて背中全体に、背中を広げるように息を入れる。息を吸い切ったら、**10〜20秒かけて体の中にある空気を出しつくすように吐く**(お腹を凹ます)。

1 背中は丸める
2 坐骨は浮かせない
3 つま先正面、足裏全体の着地

CHECK!! ここをチェック!

1〜3の注意が弱くなると、ムリな動きになりやすいので注意

6. 息を吸いながら体を起こす

1.から6.を
5～10回
くりかえす

HARAPETA WORK

仕上げの腹ペタワーク 2

腰のコリはがし

お腹のやわらかさに関係の深い、
腰のしなやかさを取り戻します。

1.

椅子に座り、体を左にひねる

つま先正面、
足裏全体を
着地させる

2. 右肩を両足の間に落とす

大きく息を吸い、
吐く息で前屈する

#腹ペタPOINT!

2を基準にして、**腰から脇3**、**脇から二の腕4**、**二の腕から指先5**まで伸ばしていく。すると、左腰にきれいに息が入る感覚になる。

#腹ペタPOINT!

左腹を膨らませるようにゆっくりと、吸う息で腕を前に出す。

2 左坐骨をしっかり椅子に残しておく
3
4
5
1 右足裏で軽く床を押す

3. 左腕を前に出し、ゆっくり腰に息を入れる

左腰にストレッチがかかるところで止まる

4. 吐く息で前屈。体を戻していく

左右3回ずつ行う

HARAPETA WORK

仕上げの腹ペタワーク 3

腕抜き呼吸

お腹が膨らむクセを改善し、自然に下腹部が凹むような状態をつくる呼吸法です。

1.

椅子に座り大きく前ならえ

足裏はつけ、つま先正面

2. 下腹部を凹ませながら腕を斜め上に伸ばし、深呼吸

5〜10回
くりかえす

#腹ペタPOINT!

息を大きく吸って腕をさらに伸ばしたら、**口からスーッと音を出して吐き続けながら下腹部を凹ませていく。**息を吐き切ったら**下腹部の力をゆるめず、息を吸ってさらに腕を伸ばす。吐く力で脱力。**

2
坐骨が椅子に乗っている感覚を感じる

1
足裏はつけ、つま先正面。足の重みを感じておく

CHECK!!
ここをチェック!

▶ 2を感じながら両腕を上げていくと、下腹部が凹みやすくなる。

4章

8つの腹ペタプログラム全解説

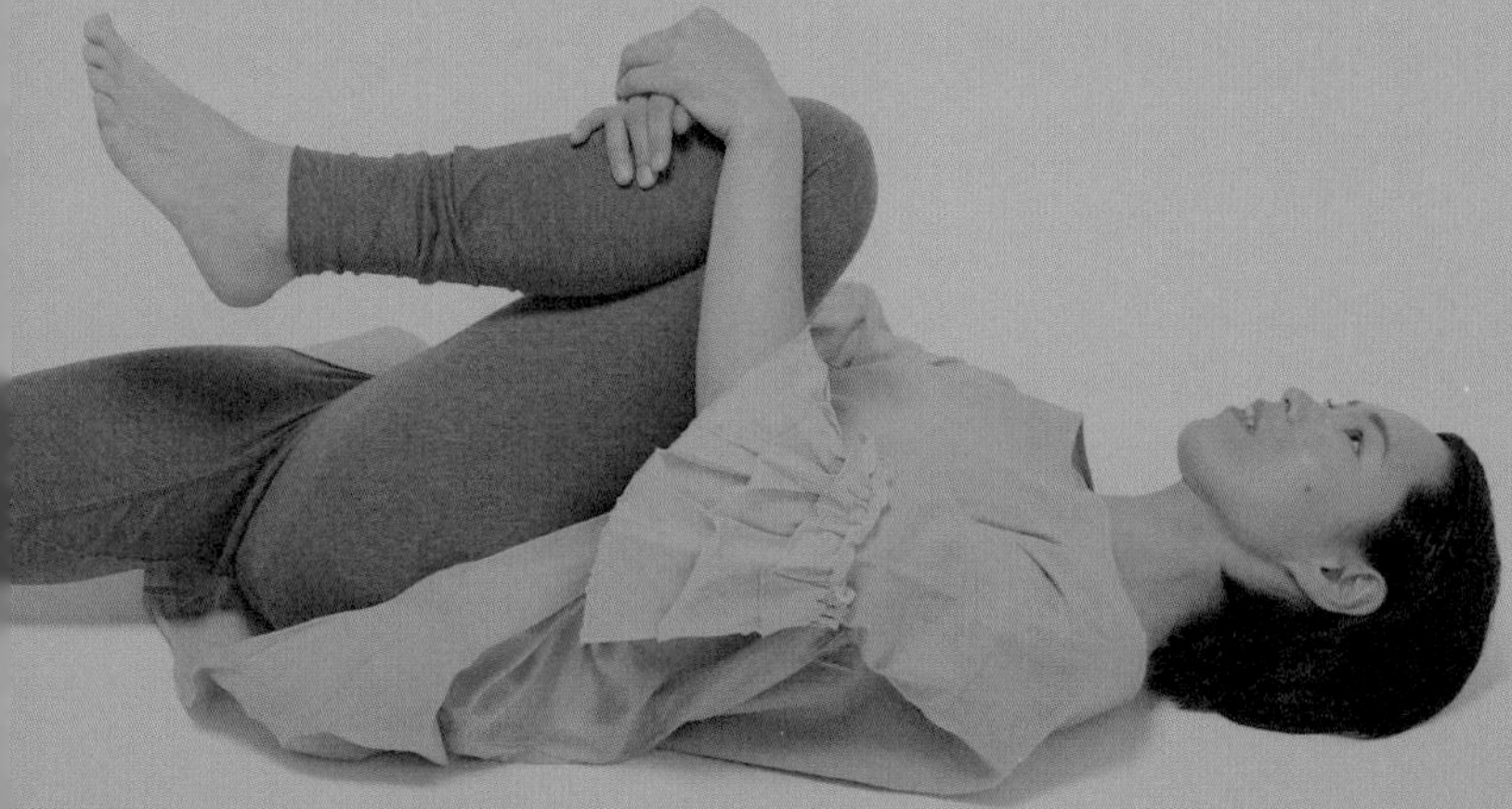

CHAPTER 4.

寝ころんだまま、座ったままできる
5つの腹ペタワークと、
3つの仕上げの腹ペタワーク。
一見簡単そうに見えますが、
じつはとても奥深いプログラムなのです。
理解しておきたい、各ワークの狙いと
動きのポイントを解説します。

P30 ▶ 腹ペタワーク 1

足のつけ根ゆるめ

お腹がうまく使えていない人は、鼠径部という足のつけ根部分をガチガチに緊張させている場合が多いです。足のつけ根が硬くなると、下腹部に深い関係のある股関節をうまく使えなくなってしまいます。鼠径部を緩めてしなやかさを回復させることにより、お腹を正常に使える後押しをしましょう。

ひざを頭の方に抜く、かかとを下方に押し出すという力の方向性を消さないようにして行うのがポイント。足が力む、重い、そんな症状にも有効です。

P32 ▶ 腹ペタワーク ❷

足ゴロゴロ

足からの連動で背骨をしなやかに動かす

足❶からひざ❷、ひざから骨盤❸、骨盤から腰❹、胸の裏❺、肩❻と順序よく動かしながら、背骨を調整していくワークです。背骨がしなやかに動かなくなると呼吸が浅くなり、体が力みやすくなります。

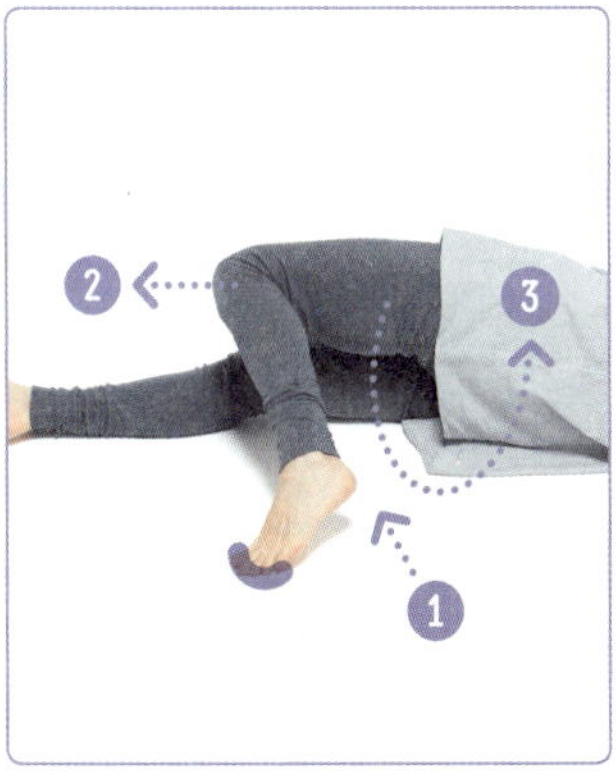

背骨は背骨だけを動かすというよりも、全身の流れの中で動かしていくのが自然。足から肩までの連動で、背骨のしなやかさ、ラクな呼吸、力まない体を一気に手に入れましょう。

P38 ▶ 腹ペタワーク 3

手ゴロゴロ

お腹の緊張を引き起こす背骨の硬さをリリース

背骨のしなやかさは呼吸のしやすさに直結します。背骨の動きがギクシャクすると、胸郭やお腹の緊張を引き起こす原因にもなります。

背骨を手からの連動で動かしながら、手から背骨、背骨から骨盤、骨盤から脚の連動を回復させていきましょう。

慣れてくると柳のようにしなるような背骨の動きができるようになり、呼吸もラクに、体の力みも抜けやすくなります。

P44 ▶ 腹ペタワーク 4

寝ゴロゴロ

お腹の深い部分で動き
手足の緊張を
断つ

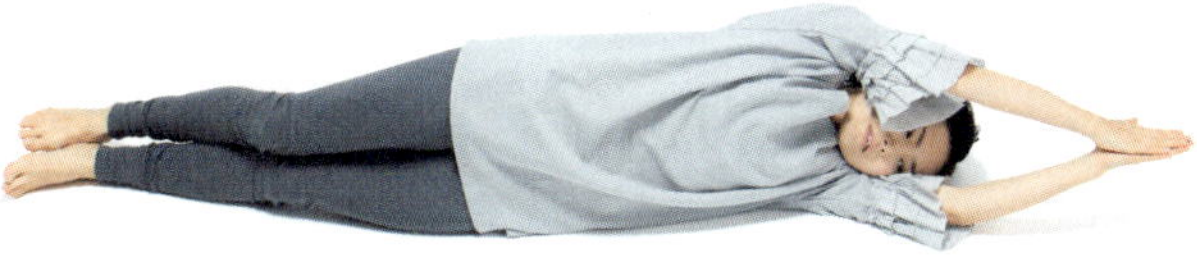

年齢を重ねると、とくに手先や足先ばかりを使う偏った動きばかりになり、全身をしなやかに使うことができなくなってきます。

このワークでは、お腹の深い部分を使ってしっかり動きながら、手足の緊張の入力を断ち、呼吸に深く関わる胸郭やお腹を使っていきます。

ゴロンとするときは、腹圧を高めるような力の入れ方をしないように注意してください。

おへそも含め、下腹部を凹ませながら動きましょう。

P50 ▶ 腹ペタワーク 5

森田式 丹田呼吸

頭の中で○《マル》をイメージ。やさしい呼吸を心がけて

1 腕はうちまき
2 肩甲骨と肩は前に
3 後頭部と背骨だけが床につく
4

丹田呼吸は、腰とお腹の真ん中、下腹部の中心から均等に膨らむ・しぼむというしなやかな動きを得るとともに、体全体の調子を整えることができる優れた呼吸法です。

1～3の細かなポイントをきちんと守ると、自然に丹田を押すことができるようになります。また、吸う・吐くという意識が強く働きすぎると、上腹部に緊張が入りやすくなります。

頭の中で「○《マル》」をイメージすると、ムリのないやさしい呼吸ができますよ。

P74 ▶ 仕上げの腹ペタワーク 1

うずくまり呼吸

背中を広げて息を入れると呼吸がラクに

うずくまり呼吸は、呼吸の逃げをなくし体の中心で深い呼吸ができるようになる呼吸法で、主に〝吸う力〟を養います。良い姿勢だと信じ込んで胸をピーンと張り、肩甲骨を寄せ、腰を反っていると、背中は常に力が入ったまま。呼吸は逃げやすいところに逃げ、浅くなっていきます。

ポイントは、背中を大きく広げるようにして息を入れること。シンプルな呼吸法ですが、呼吸が深まり体がラクになるのを実感できるでしょう。

1 背中は丸める

2 坐骨は浮かせない

3 つま先正面、足裏全体の着地

P80 ▶ 仕上げの腹ペタワーク 2

腰のコリはがし

腰に息を入れて動き、正しいお腹の動きを取り戻す

お腹がコインの表面だとすれば、その裏面は腰。お腹を動かすためには、腰の筋肉もしなやかであることが重要です。腰の筋肉がガチガチにコリ固まってしまうと、当然お腹を膨らませることや凹ませることがうまくできなくなってしまいます。

このワークでは、腰に息を入れるようにして動きながら腰のしなやかさを取り戻し、同時に呼吸に伴う正しいお腹の動きも取り戻していきます。❶❷のポイント、❸〜❺の連動を守ると、腰に気持ちよく息が入っていきます。

2 左坐骨をしっかり椅子に残しておく
3
4
5
1 右足裏で軽く床を押す

P84 ▶ 仕上げの腹ペタワーク 3

腕抜き呼吸

足の意識や腕上げで下腹を自然に凹ませる

下腹部を凹ませることはとても大事ですが、やみくもに凹ませようと意識するとかえって力みが出てしまいます。下腹が自然に凹む状態をつくるには、足の意識、腕を上げるといった全身的な動きが大切になってきます。「体はすべてつながっている」。そんな重要な部分を実感できる呼吸法です。

❶❷を心がけて呼吸をすると、ラクに下腹を凹ませることができるように。このワークをしたあとは、ふだんの呼吸や所作が安定しやすくなるでしょう。

❷ 坐骨が椅子に乗っている感覚を感じる

❶ 足裏はつけ、つま先正面。足の重みを感じておく

ここが知りたい！腹ペタQ&A

腹ペタワークや
腹ペタメソッドに関して
よく寄せられる質問に
お答えします。

Q1.

腹ペタワークと仕上げの腹ペタワークは、いつどれくらいやると効果的ですか？

行うタイミングや頻度は、ご自身が好きなときに好きなだけどうぞ！寝ころんだままできる腹ペタワークは、朝起きたときか夜寝る前に行っていただくと取り入れやすいと思います。椅子に座ってできる仕上げの腹ペタワークは、日中の家事やオフィスの空き時間などを利用して気軽に行ってみてください。

Q2.

腹式呼吸と胸式呼吸、どちらがおすすめですか？

息を吸えることと吐けること、どちらも大切なように、腹式呼吸と胸式呼吸どちらがおすすめというより、どちらもできるのが理想です。いけないのは「腹式がいいんだ」もしくは「胸式のほうが正しい」と思い込んで、どちらかの呼吸ばかりを行うこと。何事も過度な偏りは、体に不都合を生み出します。

Q3.

正しく動けているか自信がありません……。

ワークを行うときは見た目や形の正しさばかりにとらわれるのではなく、目に見えない力、つまり体の中に生じているエネルギーを感じることが大切です（**P68～P71参照**）。エネルギーの方向性、伝わりを消さないようにしながら「全身のつながり」を感じて動くようにしてください。

Q4.

何歳から始めても大丈夫ですか？

腹ペタワークは、老若男女全ての人におすすめしたい体質改善メソッドです。私が開催しているワークショップにも、4歳の幼児から80歳過ぎのおばあちゃんまで、幅広い年齢層の方々が訪れていますよ。腹ペタは、いつどんなタイミングでスタートしても大丈夫。体を育て直すのに年齢は関係ありません。

Q5.

腹ペタワーク❷ 足ゴロゴロの「コンタクトポイント」って何ですか？

コンタクトポイント（**P34**）とは、人差し指の根元から親指の根元エリアにあたる、力を伝えるポイント。力を溜める、こらえるという行為は、浅呼吸や緊張を生み、体の中に滞りをつくり出します。コンタクトポイントを意識しながら“力を地面に通す”ことで、力みが消え呼吸もラクになるのです。

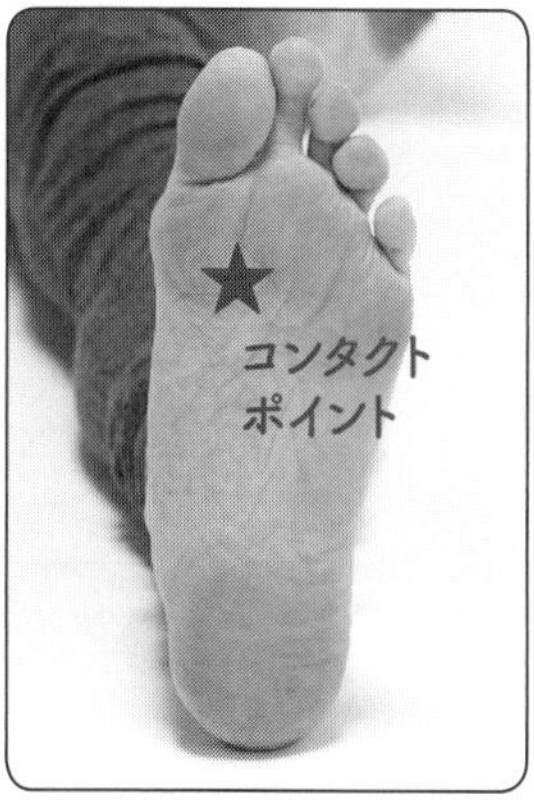

5章

お腹さえ「ふわふわ」にすれば、疲れない、痛めにくい

CHAPTER 5.

なぜ私の体は不調ばかりなんだろう?
その答えは、全てあなたのお腹にあります。
浅呼吸体質、力み体質によって培われた
カチカチ、ボテボテお腹。
疲れや痛みのない真の健康体をつくるなら、
やわらかくしなやかな
「ふわふわ」お腹を目指せばいいのです。

お腹でわかるその人の健康偏差値

お腹は健康の基盤

治療家である私のもとには、大なり小なり不調を抱えた人がたくさん訪れます。

肩がこる、腰が痛い、生理が重い、慢性疲労が抜けない……患者さんが訴える症状についてはきちんとお話を伺いますが、私が最初に診るのは痛みを訴えている患部ではなく「お腹」です。そして患者さんにも、自分のお腹を触ってもらうことがあります。

健康な人のお腹を触ると、上腹部に余計な緊張がなく指がすんなり入り、ふわふわでしなやか。

一方で私のところに来る不調体質の人は、パツパツに張ったような上腹部の緊張グセや下腹部の膨張グセに代表されるような、体調不良の引き金となるお腹のクセが出現しています。

何度もお伝えしているように、人間の体の中心は腰腹。足や腕を怪我しても何とか動くことはできますが、腰腹をやられてしまうとどうにもなりませんよね。まさに、お腹は生命活動の基礎なのです。

対症療法だけでは健康体は手に入らない

不調だらけの今のあなたの姿・形は、単なる結果。結果があるところには、必ず原因があります。

もみほぐしを受けても、薬を飲んでもラクになるのは一瞬だけ……。読者のみなさんの中にはこんなジレンマを抱えながらも、「体が辛いから」とその場しのぎの対症療法を続けている人が多いのではないでしょうか。

しかし原因を見ずに、出現してしまった不調だけをどうにかしようと思っても、問題の解決にはなりません。不調の根を断たねば、何度でも不調の花は咲き続けるだけです。

お腹を見れば、触れば、あなたの体の健康状態は一目瞭然。お腹は、あなたの体のベースをつくる呼吸や動きを映し出す鏡でもあります。

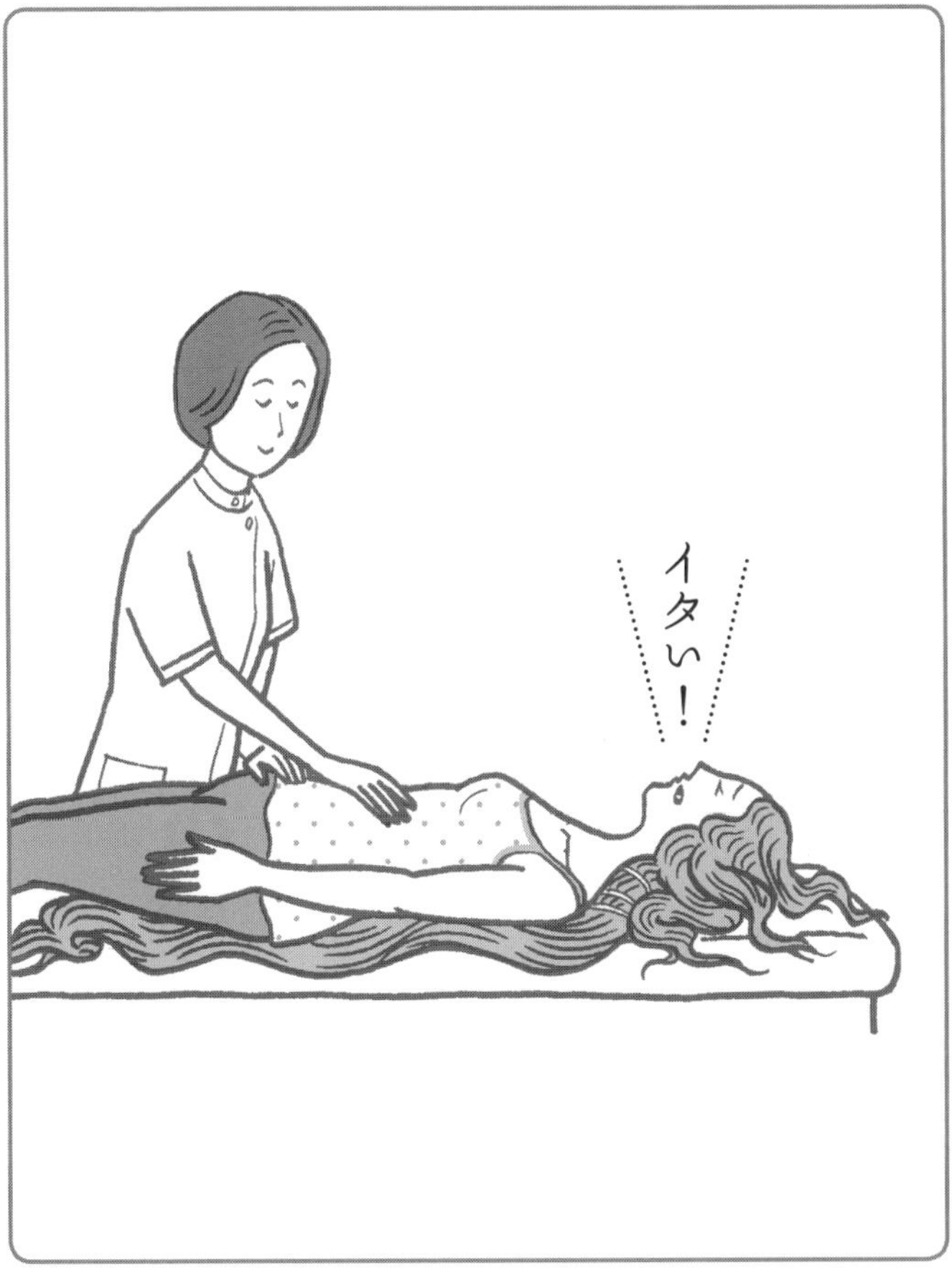

お腹を触れば、
その人の健康状態が
かなりわかる。

お腹発信で全身を循環する呼吸

人間の自然治癒力とお腹の動き

息を吸うと、体の中心が膨らむ
⇄
息を吐くと、体の中心におさまっていくようにしぼむ（凹む）

ふだん気にも留めない、呼吸に伴うこうしたお腹の動き。じつは私たち人間の生命活動や健康維持において、とてつもなく大きな意味を持っていることをご存知でしょうか？

私たちがくりかえしている呼吸は、24時間365日一時も休むことなく、この膨らむ⇅しぼむのリズムに合わせて、体の中心から末端へ、末端から中心へと全身を循環しています。

もう少し丁寧に言うと、200以上ある全身の関節を通って、血液、リンパ、体液などと一緒に体中を巡りながら、筋肉、関節、内臓、血流、免疫、自律神経など健康を司る機能がきちんと働くように調整しているのです。

この呼吸の力、全身循環こそ、人間誰しもが持っている「自然治癒力」と呼ばれるものであり、不都合のない体へと導くカギを握っています。

呼吸の滞りが不調の芽を伸ばしていく

反対に、息が浅く止まりやすい、吸ってばかりで吐けていない……こんな呼吸を日常的にくりかえしていれば、膨らむ⇅しぼむのリズムは妨げられ、筋肉、関節、内臓、神経……体のあちこちに〝滞り〟が生まれます。

結果、痛みやコリ、病気といった不調の芽が次々に伸びていくことは避けられないでしょう。

1日3万回くりかえす呼吸がエラーを起こすことなく、スムーズに体を循環しているか。その一番の指標が、あなたの体の大中心にあたるお腹なのです。

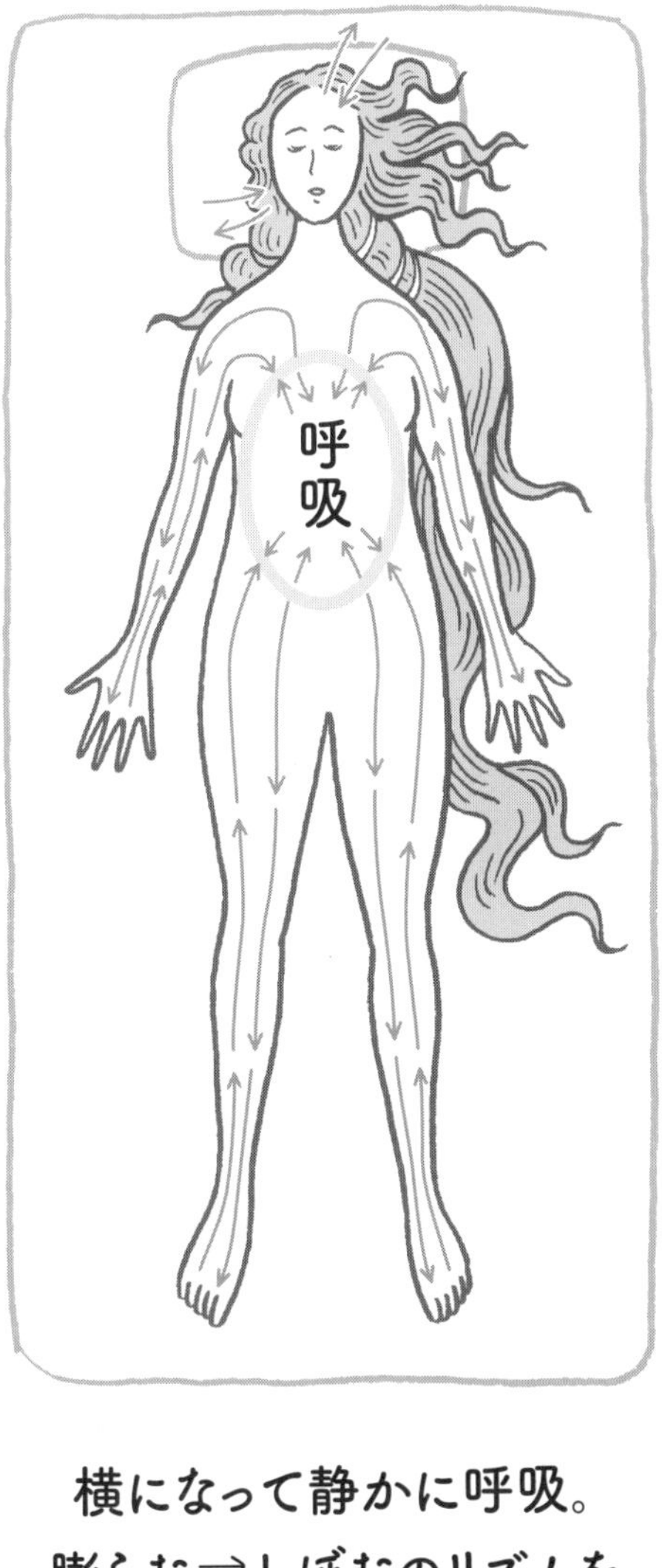

横になって静かに呼吸。
膨らむ⇄しぼむのリズムを
体感してみよう。

呼吸グセが教えてくれる調和・不調和レベル

正常か異常かだけで自分の体を見ない

「ひざがしくしく痛む」＝私の体はおかしい
「最近ものすごく疲れやすい」＝今ダメな状態だ

今ある不都合だらけの体……こんなふうに、西洋医学的な見方だけで自分の体を判断していませんか？

本書を通して皆さんに知っていただきたいのは、「正常か・異常か」「良いか・悪いか」だけではなく、「整っているか・整っていないか」「調和しているのか・調和していないのか」という視点です。

女性の場合はとくに、生理があったりお産があったりと体やお腹の状態がめまぐるしく変わるため、誰しも「不調和なとき」は必ず訪れます。それは、私だって同じです。

健康は固定化されたものではないからこそ、日々刻々と変化するお腹の状態をきちんと見て、ケアできることが大切なのです。

次のページには、調和・不調和レベルごとの呼吸や心身、お腹の状態を記しました。今自分がどの健康レベルにいるのか、確認してみてください。

もしも今、不調和状態にあっても大丈夫。本書の知恵をもってすれば、自身の力で本来の調和状態を取り戻すことができるはずです。

調和レベル

調和レベル ―― ★★★

自然体

いつどんな状態のときも下腹部スイッチがコントロールできて、呼吸が安定している状態。たとえ体を痛めたとしても、呼吸が乱れることはないレベル。

▶呼吸のコントロールができているレベル。落ち着きがあり、精神的に常に安定している。仕事においても安定したパフォーマンスを発揮でき、体を痛めたとしてもほとんど呼吸が乱れずに循環する。

調和レベル ―― ★★

心身に自信のある状態

うつ伏せ、座位、立位、前屈等の基本姿勢で下腹部スイッチがコントロールできる。基本的にイレギュラーな出来事を除いては、意識下で呼吸が安定していて日常をコントロールできる状態。

▶体に対しての不安が少なくなるレベル。自身の状態を把握でき、どうすれば悪くなり、良い状態でいられるか理解している。基本的には大きく体調を壊すことがなくなるレベル。

調和レベル ―― ★

正常の呼吸ができる

上腹部の緊張がなく、下腹部スイッチが作動できる。また、手足、肩、骨盤などに呼吸による力みが出ない状態で腹部を動かせる。まだ日常は状況次第で不安定なレベル。

▶マイナスからゼロになったレベル。危機は脱しているレベルなので、ここからはマイペースに体を向上させていける。

不調和レベル

不調和レベル —— ★

慢性不調はあるが我慢できないほどではない

下腹部スイッチを作動させることができるが、手足、肩、骨盤などに少しだけ呼吸による力みや上腹部の緊張が出てしまう。

▶我慢できる範囲だが不調が起きやすいレベル。元気か元気でないかと言われれば、元気ではないレベル。

不調和レベル —— ★★

慢性的な不調状態、ひどく体を痛めやすい

下腹部スイッチはわずかな反応しかない場合が多く、またある程度反応していたとしても、手足、肩、骨盤などに強い力みを伴っている。

▶我慢することが難しいレベルで、治療院や病院を探す場合が多い。慢性的な不調が常にあり、定期的に体調を崩す、力みが抜けない、呼吸が浅くコントロールすることができない。精神の制御も難しく、情緒不安定で感情に振り回されやすい。

不調和レベル —— ★★★

かなり辛い状態

下腹部スイッチが全く作動しない。作動する感覚もわからない。上腹部の緊張が極めて強かったり、下腹部スイッチを作動しようとすると、逆に下腹部が膨張してしまう。

▶重い体調不良が常に続いているレベル。我慢することもできず、動くとすぐに疲れたり、心身はもちろん呼吸もコントロールできない。

不調持ちの人は、こんなお腹グセの持ち主

息を吐いたときに見える上腹部と下腹部の動き

ここでは、おそらく本書の読者さんのほとんどにあてはまるであろう不調体質の人のお腹にどんな特徴があるのか、詳しく見ていくことにしましょう。

わかりやすいのは、息を吐いたときにあらわれるお腹の動きです。見るべきポイントは、大きく分けて2つあります。

1――下腹部スイッチが使えているかどうか

下腹部スイッチとは、息を吐いて下腹部が凹んだときに筋隆起が起こる場所です。ここが使えているかどうかは、息をきちんと吐き切れているかどうかと直結するところです。

また、下腹部がうまく使えていない人は、循環系、免疫系に不調が出やすいという特徴があります。

2――上腹部の緊張

下腹部スイッチがうまく反応しなくなると、上腹部に強い緊張があらわれやすくなります。また、責任感が強い人やがんばりやさんなど能動意識が強すぎる人は、上腹部が緊張しやすい傾向にあります。

上腹部の緊張グセが強い人は、肩コリ、腰痛など筋骨格系に不調をきたすことが多くなります。

あなたのお腹のタイプは？

上腹部の緊張グセと、下腹部が使えていないことによる膨張グセを併発している。

これが冒頭からお伝えしている不調体質の人に多く見られるお腹の特徴ですが、もっと細かく分けると、腹部全体が膨張するタイプや、下腹部、上腹部だけに動きが見られるタイプなど、いろいろなパターンのお腹グセがあります。

左ページには、P111で示した不調和レベル★★（やや危険ゾーン）もしくは★★★（危険ゾーン）にいる人に見られるお腹の特徴を挙げてみました。

自分にあてはまるかどうか、呼吸とお腹の状態を観察してみてください。

不調体質の人のお腹グセ

不調体質の人の多くは、**息を吐いたときに上腹部が緊張。下腹部を凹ますことができず、膨張している。**下腹部スイッチも反応しない。

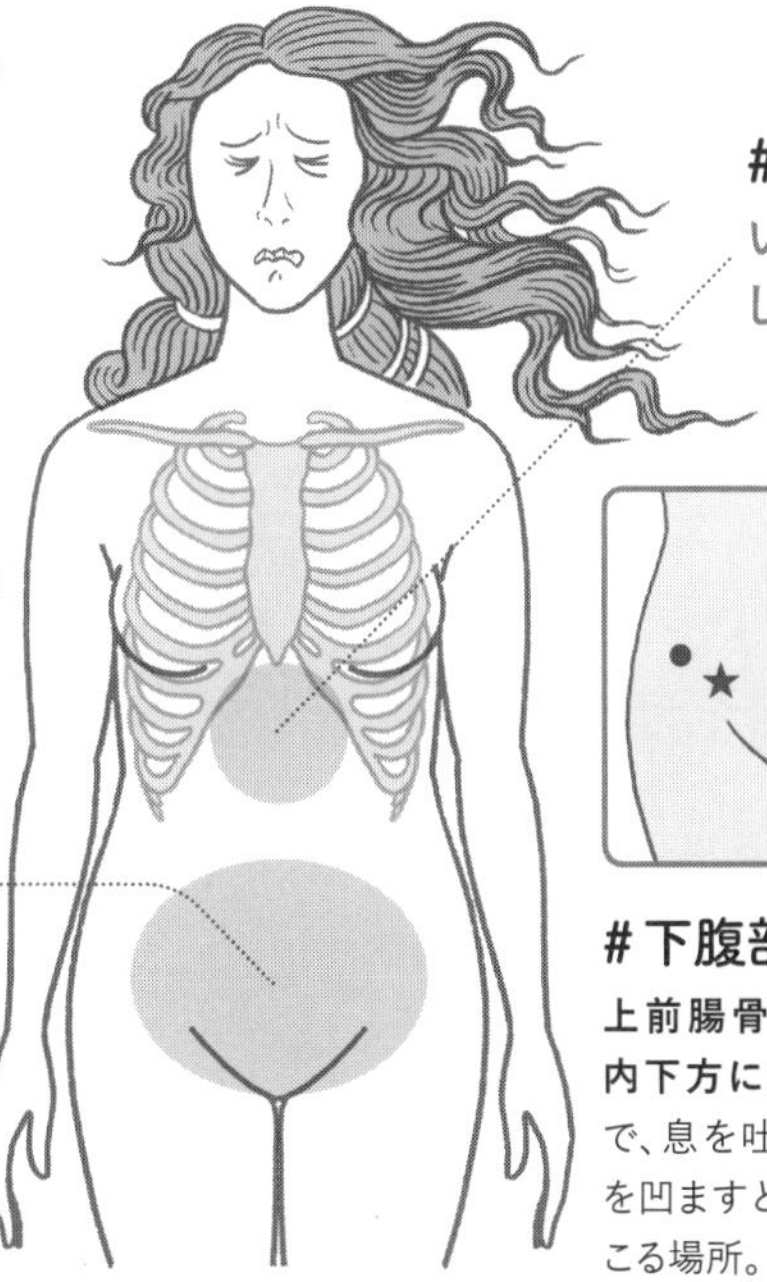

 # 上腹部
いつも緊張している

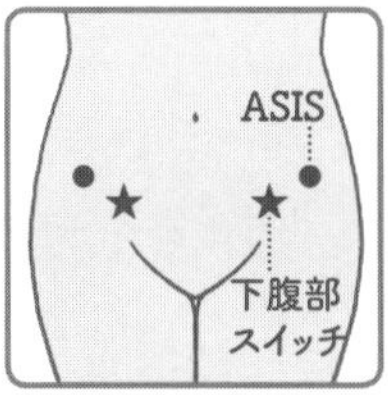

 # 下腹部
全然使われていない

 # 下腹部スイッチ
上前腸骨棘(ASIS)の内下方にあるポイントで、息を吐いて下腹部を凹ますと筋隆起が起こる場所。

不調和レベル―★★

やや危険ゾーン

- 下腹部スイッチが作動するが、上腹部の緊張を強く伴う。
- 上腹部の緊張が強く、下腹部スイッチが弱い。
- 下腹部スイッチが作動するが、肩や骨盤・脚などに力が入ってしまう。
- 下腹部スイッチが作動するが、背骨の力みが起きてしまう。

不調和レベル―★★★

危険ゾーン

- 腹部全体が膨張する。
- 下腹部が膨張する。上腹部は反応なし。
- 上腹部が緊張する。下腹部は反応なし。
- 上腹部が緊張し、下腹部が膨張する。

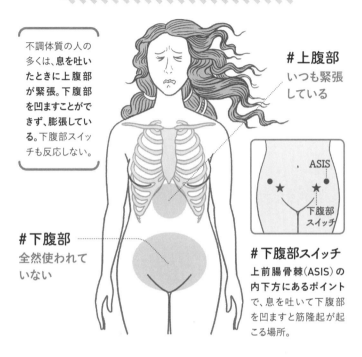

6章

産後・更年期・妊活期
女の三大ヤマ場を
乗り越える

CHAPTER 6.

子宮環境の急激な変化により、
“お腹の大波乱”が起きる産後と更年期。
お腹の硬さや膨張グセによって
阻まれてしまう妊活……
女性の一生の中で不調を最も感じやすい
3つの時期に知っておきたい心構えと、
体のメンテナンス方法をお伝えします。

産後・更年期・妊活期は最大のクライシス

健康は固定化されたものでない

「どうして私の体はこう不調ばかりなの!?」

慢性疲労、慢性不調に加え、毎月訪れる辛い生理や更年期障害……自分の健康を思うようにコントロールできないとき、女である自分をうらめしく思うことがある人もいるでしょう。

なぜ女性はこんなに不調に見舞われやすいのか――その答えは、やはり私たちの体と切っても切り離せない「お腹」にあります。

女性のお腹は小学校高学年～中学生あたり、いわゆる初潮の前後から変化が訪れ、そのめまぐるしい変化は今でも続いています。一時として同じ状態であることはないのです。

とくに生理中などは、女性の体はどうがんばっても下腹部に力が入らない、どうしたって力を入れたくない。さらにその傾向が顕著にあらわれるのは、産前産後と更年期前後です。

また、昨今では6組に1組のカップルが悩んでいるといわれる不妊。この原因も、これまでお伝えしてきた「お腹のクセ」が引き金のひとつになっているのではないかと私は常々感じています。

次のページからは、産後・更年期・妊活でお悩みの3人の患者さんとの対話を通して、女のクライシスを乗り越えるためのヒントを一緒に考えていきましょう。

1 Q. 産後の悩み

産んで半年経つのに
お腹が全く元に戻りません……

相談者 1
A子さん（32）

A子

産後のお腹がなかなか元に戻らないことも大問題なんですが、妊娠したあたりから急激に体調を崩しやすくなって。しょっちゅう風邪を引くし、毎日体がダルイんです。さらに赤ちゃんを抱っこしているからか、肩コリに腱鞘炎と、挙げればキリがないほどの不調の嵐におそわれています。

森田

きっと、産前産後からお腹が全然使えない状態になっているんですね。産後の悩みの多くは産後に始まったことではなく、産前からあるお腹のクセが妊娠中に加速され、出産をきっかけに一気に表に出ることで起こります。

A子

産前からのお腹のクセ……ですか？

森田

大事なのは「なんで？」と不安に思うことよりも、しっかりと自分のお腹の状態を把握し、ここに原因があると気づくことです。いったん、あなたの呼吸をみてみましょうか。息を吸って、吐き切れるとこ

ろまでゆっくり吐いてみて。下腹部に力が入る？

A子 全然ダメです。産んでからとくにお腹が腑抜けた感じがしていて、下腹部に力が入らないんです。

森田 **下腹部が使えていないということは、免疫系や自律神経系に影響が出るので、風邪を引きやすくなったり、体が重くなったり、産後ウツを引き起こしたりといろいろな不調が噴き出しますよ。**

A子 妊娠前はわりと元気だったのに……（涙）。

森田 **妊娠、出産期は、お腹の環境が一気に様変わりするから、どうしても下腹部が今までのように使えなくなってしまう。さらに産後は、**

不眠不休で赤ちゃんのお世話をしなければならないでしょう？　体が力みやすくなっていることで、上腹部がガチガチに固まり、さらには横隔膜も固まって呼吸も浅くなるという悪循環です。

A子　元の体型、健康な体に戻るためには、どうしたらいいですか？

森田　**赤ちゃんは出たけれど、まだあなたの体は赤ちゃんがいると思っているのね。腑抜け状態のお腹を縮ませるには、ある程度の〝刺激〟を与えることが必要ですよ。出産後の女性にとくにおすすめしたいのは、丹田呼吸です**（**P50**）**。**

A子　あと、このひどい肩コリはどうにもなりませんか？　ただでさえ夜中の授乳で眠れないのに、痛くて何度も目が覚めてしまうんです。

森田

腕抜き呼吸（P84）で、腕の緊張を抜いてあげるといいですよ。体や腕のダルさが抜けるから、赤ちゃんをずっと抱っこしても辛いと感じることはなくなってくると思います。

A子

産後、なかなかお腹が引っ込まないことと、今の健康状態がつながっているなんて思いもしませんでした。赤ちゃんの世話ばかりで自分の体をおろそかにしていたけれど、これからの生活のためにもきちんとケアしていきたいと思います。

森田

産後のお腹を放置して辛いのを我慢していると、高い確率で更年期の不調も出やすくなります。気づいたときがチャンスですから、これを機に自分のお腹のケアを始めましょう。

A.1 産後の悩み

妊娠・出産期は、お腹の環境が様変わりし、
下腹部が今までのように使えなくなります。
産前・産後のお腹のケアは非常に大切です。

一言アドバイス
森田愛子

Q.2 更年期の悩み

更年期の辛い症状に
悩まされています……

相談者2
B子さん（50）

B子

不安感やイライラなどの精神症状、あとはのぼせに耳鳴り、不眠、頭痛、めまいが何年も続いています。まるで、出口の見えない不調のトンネルの中にいるようで……。

森田

お辛そうですね。45～55歳くらいの更年期は、女性の体に不調和が起きやすい時期です。あなたが困っているのぼせ、イライラ、不眠、頭痛、めまいなどの症状は、東洋医学でいうところの気が上昇した状態。これは下腹部が使えていないことによって、気の抑えがきかなくなってしまっているからなんです。

B子

確かに、頭に血が上る、うっ血したような圧迫感がずっと続いているような感じはいつもしています。なぜ更年期になると、お腹が使えなくなってしまうんでしょう？

森田

それは、産後と同じく体の大中心であるお腹が不安定になっているからなんです。更年期は閉経に向けて、生理が来たり来なかったり、あるいは周期が変わったりと、子宮環境が大きく揺れ動いている時

期。不安定な状態は、過剰な緊張をもたらします。また生理が来ないということは、〝月に一度の排出〟というずっと行われてきたある種の循環も途絶えてしまうわけです。

B子 あと更年期障害というと、ホルモンバランスの変化なども関係しているとよく聞きますが。

森田 **もちろんそれもありますが、ホルモンバランスを悪くさせているのはやっぱり日頃の呼吸グセ、力みグセ、そういったものの積み重ねなんです。息を止める、力を溜めるといった日々の蓄積は、体の中に確実に〝滞り〟を生み出します。**

B子 このまま放っておくと、どうなってしまいますか？

森田　体の中心が不安定まっただ中、うまく使えなくなっている状態とはいえ、悪いお腹のクセをちゃんと取り除いておかなければ、更年期を過ぎたあともっと辛くなってきますよ。閉経後は今まで行われてきた体の循環がストップしますから、とくに下半身が滞りやすくなるんです。50代以降、足の重さやだるさが気になったり、ひざや股関節を痛める人が多いでしょう？

B子　はい、私の周りでも足を痛めている人は多いですね。

森田　そうならないためにも今のうちから足をしっかり動かし、巡らせてあげることが大事です（P140〜女のふわぺた腹ワーク参照）。更年期にどう過ごしていくかが、以降の人生の健康度・充実度を決めるといっても過言ではありません。

B子

「もう歳だから仕方ない……」と老化を理由にあきらめていましたが、健康はいくつになっても自分の力で取り戻せるんだということがわかりました。これからは、見て見ぬふりをしていた自分の体とちゃんと向き合っていきたいと思います。

森田

「更年期になったから悪くなった」と考えるよりも、今まで水面下に存在していた問題があらわになったととらえ、体をもう一度立て直していきましょう。

A2. 更年期の悩み

体の中心が一番不安定になっている更年期。
この時期どう自分の体と向き合うかが、
以降の人生の健康度・充実度を左右します。

一言アドバイス
森田愛子

Q3 妊活期の悩み

妊活を始めて一年……
なかなか授かることができません

相談者3
C子さん（30）

C子 周りの友人がどんどん妊娠していくのを見て、気持ちが焦っています。体を冷やさないようにしたり、血液の巡りを良くするようにしたりと、いろいろ努力をしているんですが。

森田　**がんばっていらっしゃるんですね。ではなぜ体が冷えてしまうのか、巡りが悪くなってしまうのか？　その原因について、考えてみたことはありますか？**

C子　いえ、そこまでは……。そんなこと、どの妊活の本にも書いていないですよね。

森田　**その原因は何かといったら、やはりお腹なんです。上腹部が常に緊張している、下腹部が使えていない。ふだん息を吸って吐いたときに、自然に下腹部にスイッチが入るような体を目指せば、悩むことはなくなると思いますよ。**

C子　お腹が硬い、使えていないことが不妊の原因にまでつながるということですか？

森田

可能性はありますよね。不妊症で来られる方の多くは、お腹のクセがひどい状態です。上腹部がカチコチ、下腹部が使えず膨張しているというのはすなわち、呼吸が浅い、力み体質になっているということのあらわれです。あと下腹部が使えていないというのは、下腹部につながる鼠径部（足のつけ根）や股関節がきちんと使えていないということ。そのせいで、骨盤までガチガチに固められてしまうから、当然骨盤環境も悪くなります。

C子

骨盤環境が悪いということは、つまり骨盤の中におさまっている子宮環境も悪くなるということですよね。

森田　そういうことです。骨盤が固まっているということは、子宮循環が悪く淀《よど》んでいる状態。それは、不妊だけでなく女性特有の病気にも関係していることが多いのです。

C子　骨盤環境を良くするためにはどうしたらいいですか？

森田　お腹の力みを招く小手先の動きではなく、腰腹を中心にして動く生活を送ること。立ったり座ったり、物を拾ったりするときは、股関節をしっかり使うように意識してください。あとは、吸う息だけではなく、吐く息も大切にね。

C子　わかりました。

森田

一番大切なのは、子宮だけでなく〝体まるごと〟循環する状態にすることです。ここをしっかり改善して子宝に恵まれた方も大勢いますが、大事なのは妊娠するまでのケアではなく、長く付き合う自分の体をしっかりケアし続けていくという姿勢です。

C子

妊娠のためにあれこれ特別なことをしようとするよりも、まずはお腹のクセを正し、循環する体をつくっていかなければいけないんですね。一から自分の体を育て直すつもりで、腹ペタワークを続けていこうと思います。

A.3 妊活期の悩み

下腹部をきちんと使えるようにすれば、骨盤環境は改善します。結果、子宮環境も良くなり授かりやすい体質に。

一言アドバイス

森田愛子

HARAPETA WORK

腹ペタワーク 三大ヤマ場

女のふわペタ腹ワーク

全身のつながりを感じながらしなやかなお腹をつくる

これから紹介する女のふわペタ腹ワーク（足壁1～3）は、産後・更年期・妊活期といった〝お腹の不調期〟に陥っている人や、女性ならではの健康問題を抱えている人たちにぜひおすすめしたい腹部強化プログラムです。

このワークで重要なポイントは足。足をしっかり使いつつ、下半身↓上半身と体を連動させるように動かしていきます。

全身のつながりや目には見えない力の通り、方向性を感じながら動くことで、病気や不調の芽となるお腹の緊張や力の滞りをリリース。

どんなに苦しい「体の不調和期」にあっても、決してあきらめることはありません。調和する体は、必ず自分の力で取り戻すことができるのです。

HARAPETA WORK

女のふわペタ腹ワーク 1

足壁 1

下半身と上半身の連動を意識し、
骨盤を自然に使えるようにします。

1. 片ひざ立ちになる

左ひざは足首の真上、
右足裏で床を捉える

左右交互に
5～10セット

#腹ペタPOINT!

❶～❸を常に消さないように手を上げると❹、**下腹が自然に凹む**❺。

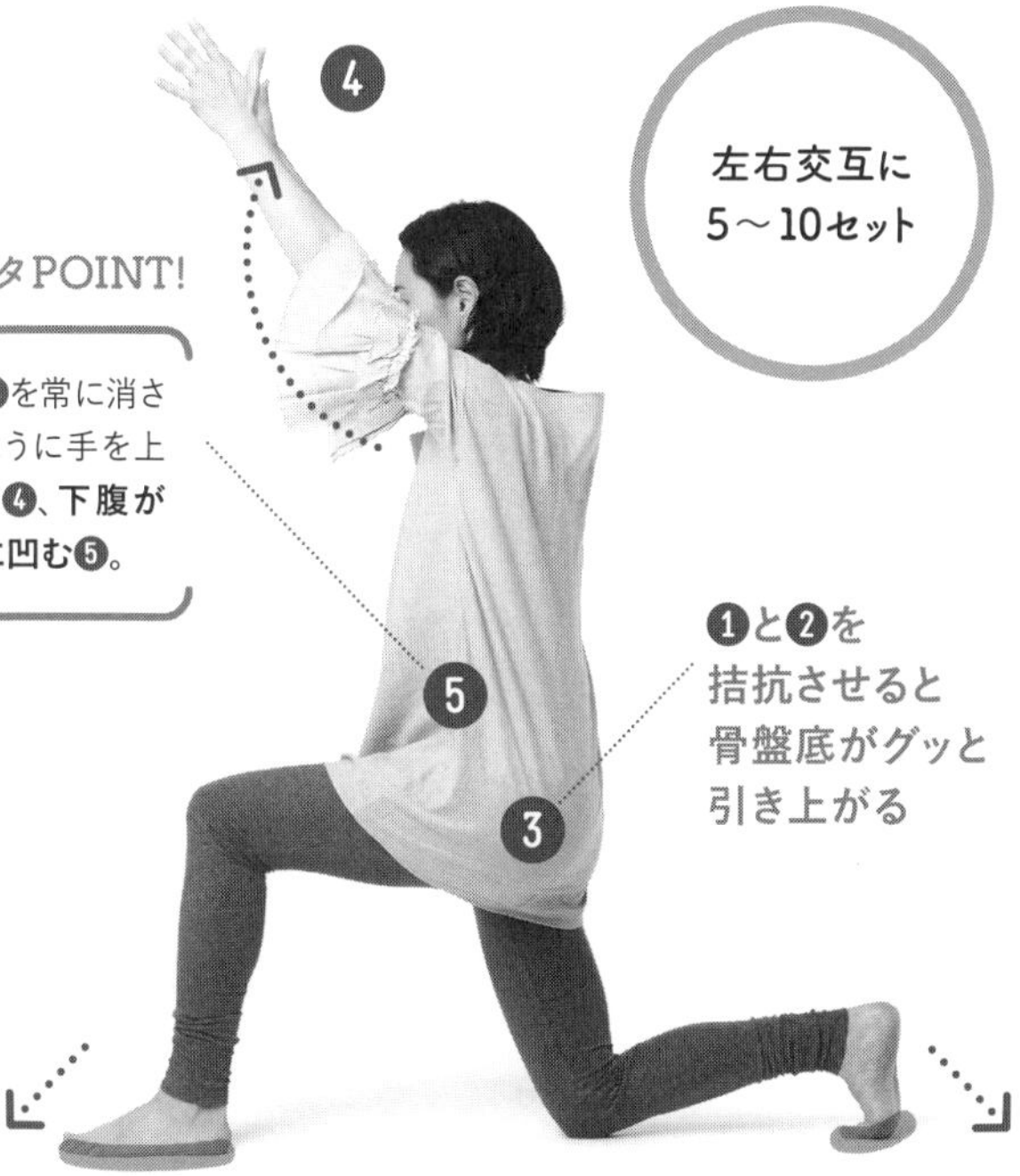

❶と❷を拮抗させると骨盤底がグッと引き上がる

❶ かかとを中心に、足裏全体で斜め前下に力を伝える（気持ち左腰を引くように）

❷ ❶をすると自然に後ろ足の踏み込みが入る

2. 両手バンザイ、下腹部を凹ませる

2～3回

ゆっくり深呼吸

HARAPETA WORK

女のふわペタ腹ワーク 2

足壁2

「つながる」「力が通る体」をつくり、
浅呼吸と力み体質を改善します。

1.

下腹部を
凹ませ
片ひざ立ち

手は胸の前でボールを
持つようなイメージで

#腹ペタPOINT!

❶〜❸を消さないようにしつつ、**下腹部を凹ませ❹**、左に体をひねる。

左右
5〜10セット

❶と❷を
拮抗させると
骨盤底がグッと
引き上がる

❶ かかとを中心に、足裏全体で斜め前下に力を伝える（気持ち左ひざを引くように）

❷ ❶をすると自然に後ろ足の踏み込みが入る

2. ゆっくり体をひねる

力の伝えを崩さないように
1回深呼吸

HARAPETA WORK

女のふわペタ腹ワーク 3

足壁 3

足のむくみ、疲れ、重さを解消します。

#腹ペタPOINT!

恥骨を上に向け（お尻を突き出さない）、**両方の股関節を中央に引き寄せるように意識しながら**、下腹部を凹ませる。

1.

片ひざ立ちで両手バンザイ

左ひざは足首の真上、右足の指の根本で床を捉える

2. 上体を左太ももに預ける

左ひざを後ろに
引き込むように行う

3. お尻を上げ、右ひざを伸ばす

左足裏全体と右足指のつけ根から、床に力を伝える

#腹ペタPOINT!

❶～❸と★1★2の力、動きを**体幹の動きにつなげていく**❹。

★1
左ひざを前に出さないように
気持ち引く意識を持つ
4
❶と❷を
拮抗させると
骨盤底がグッと
引き上がる
3
★2 右ひざを伸ばす
1 かかとを中心に、
足裏全体で
斜め前下に力を伝える
2 ❶をすると
自然に後ろ足の
踏み込みが入る

4. 左ひざを後ろに引き込む

左右の拮抗バランスをつくる

左右
3～5セット

7章
腹ペタ的日常生活のルール

CHAPTER 7.

体をつくり直すために、
ふだんの呼吸、動き、意識を
どうチェンジしていくか？
日々の生活習慣を改革していくことは、
じつはワークを行うことよりも大事だったりします。
最終章では一番重要な、
腹ペタメソッドの日常生活への
落とし込み方を学びます。

HARAPETA RULE

日常生活のルール 1

腹ペタの基本は立ち方&座り方にあり

正しい基準を知っていますか？

姿勢を良く見せたい、姿をキレイに見せたい……そう思うと、背中をピーンと反らせ肩甲骨を引き寄せた、のけぞり型の立ち姿勢や座り姿勢になりやすくなります。

そうかと思えば、首が前に出て肩をすくませた亀姿勢＝通称〝スマホ姿勢〟が定型化している人も……。

前者は背骨、後者は顔の位置を基準にした姿勢になっていますが、どちらも上腹部や下腹部に緊張のスイッチが入り、全身の力みや浅呼吸につながりやすくなります。

立つときの正しい基準は股関節（P153）、座るときは肩口と骨盤が垂直につながるような意識を持ちましょう（P155）。日々の姿勢において正しい基準を持ち、力まない、溜めない体を目指すことが大事です。

HARAPETA RULE

日常生活のルール 1

腹ペタスタンド

立つときは、背中を丸めすぎても反らせすぎてもダメ。
立ち姿勢の際の正しい基準の持ち方を覚えましょう。

NG

背中や顔を基準にした立ち姿勢になっている

背中を反らせたのけぞり姿勢

背骨の自然な湾曲をなくし、背骨や体全体の動きを硬くする腰立ち姿勢。

背中を丸めすぎた前のめり姿勢

顔の位置が優先され、首から下が崩れてしまっている腹立ち姿勢。

OK

股関節を基準にした正しい立ち姿勢

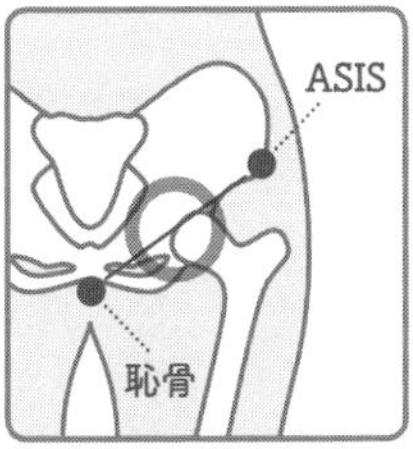

#股関節

恥骨中央とASISを線で結んだ中心の奥にある。

股関節から足裏につなげるイメージで立つ

股関節を基準にして立つと、体の真ん中に自然に重心を乗せることができる。

HARAPETA RULE

日常生活のルール 1

腹ペタ的座り方

座るときに基準がズレると、お腹に力が入りやすく呼吸も浅くなってしまいます。

NG

極端に背中を丸めすぎたり反らせすぎた座り姿勢

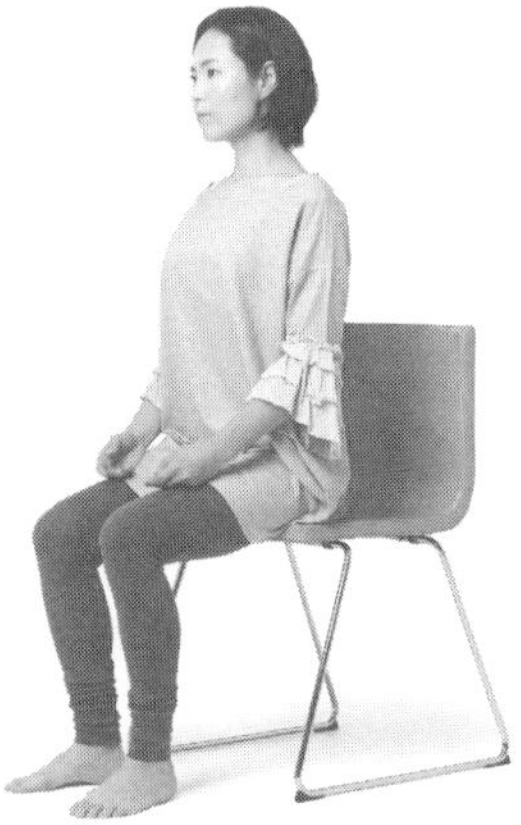

背中を基準にした座り方

背骨の自然な湾曲が消え、肩甲骨、首、肩、ひざ、股関節がロックされる。

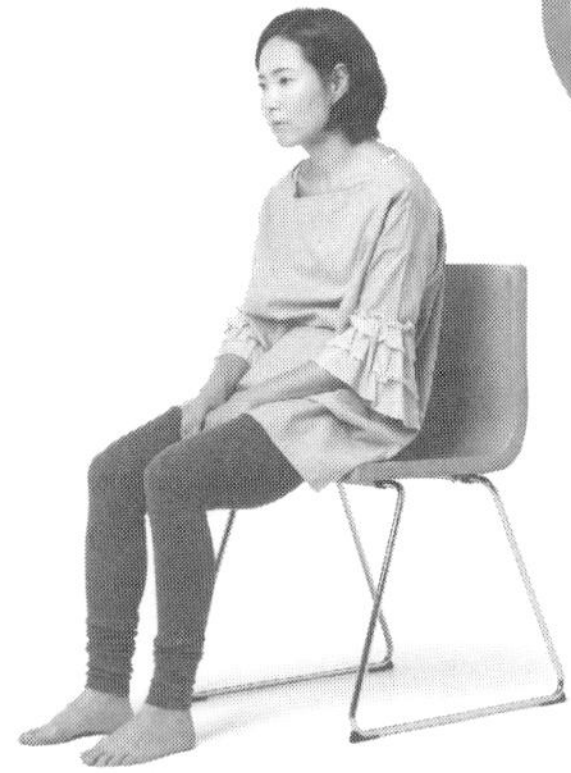

腰を基準にした座り方

肩口、骨盤ラインが崩れると胃の部分に力が入り、下腹部が膨張しやすくなる。

肩口＆骨盤を基準にして座る

肩口、骨盤をつなげた部分を基準に、背もたれに軽く寄りかかるようなイメージで座る。

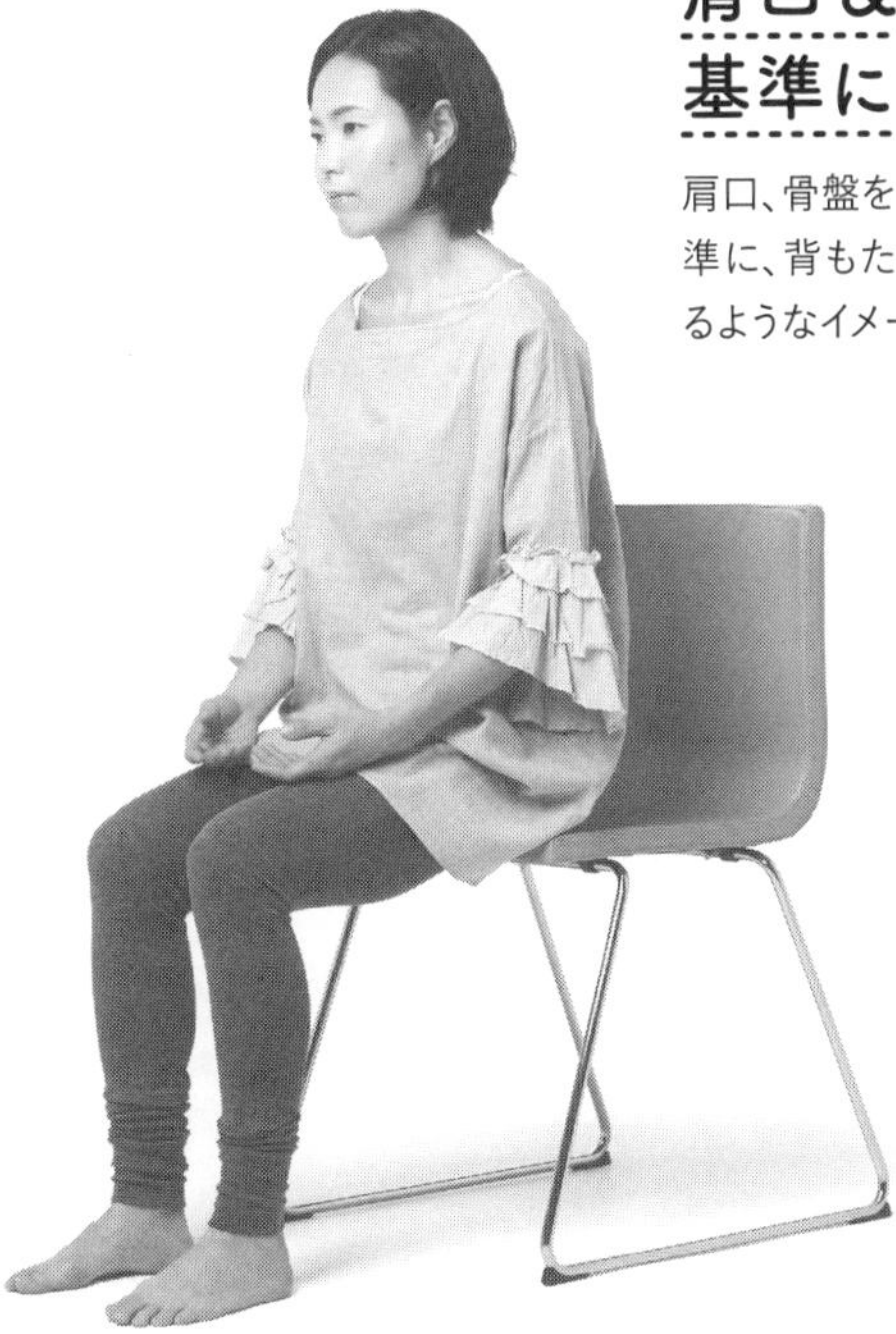

OK

自然な丸みを帯びた座り姿勢。お腹に余計な緊張がかからない

CHECK!!

ここをチェック!

▼

肩口と骨盤の出っ張った部分を垂直につなげた部分を、座り姿勢の基準にする。

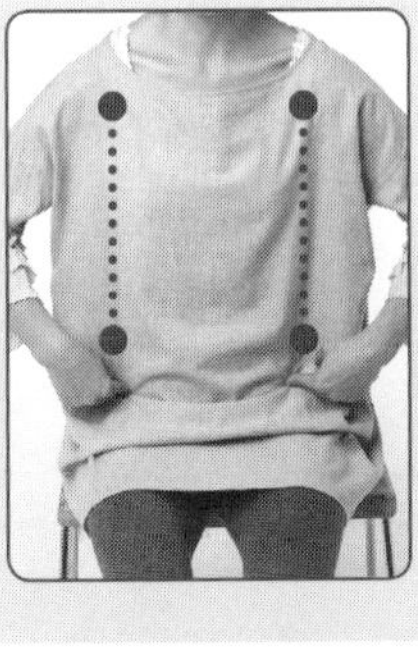

HARAPETA RULE

日常生活のルール 2

無意識の呼吸グセ・力みグセを見直す

お腹の回復メカニズム

さあ、そろそろページも残りわずかになってきました。ここで、本書『奇跡の3日腹ペタ』の目的と効果を、もう一度おさらいしてみたいと思います。

1——腹ペタワークによって、お腹が十分に使えるように改善する。

↓

2——日常数えきれない体の動きと3万回の呼吸の質が変わる。

↓

3——ただ生きているだけで循環する体が出来上がる。

↓

4——不調を生み出す下地や、お腹の膨張が消えていく。

5――年月を経ていけばいくほどに不調が出にくくなる。←

健康はたったひとつの気づきからつくられる

1と2は相互通行で、日常数えきれない体の動きと3万回の呼吸の質が変われば、お腹が十分に使えるようになる、という意味でもあります。

「日常の動きと呼吸って、そんなに簡単に変えられるもの?」と思う方もいるでしょうが、最初は「あ、今呼吸が止まっている」「体が力んでいるかも」と、そのことに気づければいいのです。

歯磨き、家事、メイク、車の運転、電車に乗っているとき、パソコンやスマホに向かうとき、シャンプーをしているとき……これまで見向

HARAPETA RULE

日常生活のルール 2

きもしなかった自分の呼吸と動きにちょっとの注意と関心を払うだけで、あなたの体の未来は確実に変わります。

日常の呼吸と動きの改善は、どんな名医や薬にも勝る根本的な体質改善になるのです。

まとめ

呼吸と動きの改善は、どんな名医や薬にも勝る根本的な体質改善になる。

HARAPETA RULE

日常生活のルール 3

思考のノイズを減らす

森田愛子のカラダ改革

1冊目の『深呼吸のまほう』を読んでくださった方は、

「あれ、この著者、2年前に比べてずいぶん体がスッキリしたんじゃない?」

と思われたのではないでしょうか?

恥ずかしながら告白しますと、ここ1~2年、通常の治療や講演会、ワークショップ、雑誌や本の取材に原稿執筆とありがたいことに仕事の依頼はどんどん増え、家事・育児とも何とか両立していたのですが、あまりの忙しさに自分の体や健康のことは二の次になっていました。

あるとき「これはまずい」と一念発起し、生活スタイルをリセット。体を一から立て直すことにしたのです。

HARAPETA RULE

日常生活のルール 3

日常生活を統制し呼吸を整える

私が行ったのは、日常生活の統制のやり直し。具体的には、ワードローブを決めてしまう、あらかじめ1週間分の献立を考えておく、モノを捨てて部屋をキレイに整える、といったことです。

朝何を着るかに迷う、夕食の献立を考えることに悩む、帰宅して散らかった部屋にイライラする……こんなふうに24時間頭の中が落ち着かない状態だと、気は焦り、呼吸は浅く止まりやすく、そして体はどんどん力みやすくなっていきます。呼吸と動きの乱れは、体の膨張と不調に直結しています。

私は自分の体を整えるために、まず生活面においては極力の合理化をはかり、「思考のノイズ」を減らすように努めたのです。

そのおかげで、体調は上向き、体はひとまわりコンパクトに。仕事においては、新たな情報発信やイベント開催などこれまで以上に精力的なチャレンジができる体になっています。

私が日々考えているのは、「どうしたらラクな体になれるか」。そのヒントはやはり、お腹を司る呼吸と動きに集約されているのです。

まとめ

迷う、悩む、イライラするといった思考のノイズは、浅呼吸と力みにつながる。

HARAPETA RULE

日常生活のルール 4

長息は長生きの秘訣

自分で自分をサボらない

突然ですが、最近高齢者の車の事故がニュースでよく取り上げられていますね。

自分はまだまだ車を乗りこなせる元気な体だと思っていたのに……。

この話は、人間の体に置き換えることができます。

「自分はまだ若い、動けるはずだ！」と昔の体の記憶のままムリをして転倒する、ひざや腰を痛める。これは80代でスポーツカーの運転席に乗り込み、操作しきれず大惨事に遭うのと同じこと。

ここで言いたいのは、自身の健康状態やスペックを知らずに、自分の体を〝乗りこなす〟のはとても難しいということです。

自身のスペックを知るためには、常日頃から自分の体をちゃんと観察してあげることが必要。

つまり見て見ぬフリをしない、自分で自分をサボってはならないということです。

お腹がちゃんと使えれば100歳まで元気

現在、日本における女性の平均寿命は87・05歳。

年齢を重ねても、いつまでも健康で生き生きと、自立した生活を送りたいと誰もが願っています。

長く息が吸えて、吐けるかどうか。これは、私たちの生命、健康の土台となるお腹がちゃんと使えているかどうかを知る、最も重要なバロメーターです。

長息は〝健康長生き〟の証《あかし》。皆さんには、ぜひ本書でお伝えしてきた

HARAPETA RULE

日常生活のルール 4

お腹の使い方、呼吸という知恵を味方につけていただき、80歳、90歳、100歳になっても元気に動ける体を手に入れてもらいたいと心から願っています。

まとめ

長く息が吸えて吐けるかは、健康の土台。呼吸という知恵を味方につければ、体は元気に動く。

おわりに

「女性の体質を改善する」というのは聴きなれた言葉ですが、いざやろうと思っても、なかなかわかりやすい考え方に巡り合うことは多くないと感じています。

症状や対策の情報を得るだけでなく、もっと体の根っこから整えるにはどうしたらいいのか？

これは私の元に来られる方、そして私自身が自分の不調体質をどうにかしたいと思ったときに感じたことです。要するに、どうしたらよいかわからず、何から手をつければいいのかわからずに困ってしまったということです。

女性にまつわる不調や病気は、肩コリ、腰痛、冷え性、生理痛、生理不順から、子宮の病、ホルモンの病、自律神経の症状に至るまでたくさんあります。

それらを一つ一つの不調とみなして個別に対処するのではなく、それらの下地に着目する。これが大切なのではないでしょうか？

そうでないと「あれにはこれ」「これにはあれ」というその場しのぎの対処に終始することになり、多くの情報を目にすればするほどに混乱してわからなくなってしまうからです。

それらの不調の下地として深いところで関係しているのが、呼吸であり、お腹のクセです。「これで全てが解決！」というものではなく、これが全てに深く関わっているという事実があるということです。

呼吸に伴うお腹のクセというのは、不調と直接的にというよりも、もっと深い根っこの部分で関係しています。

これは、思春期、妊娠期、産後、更年期と年齢に限らずに絶対に無視できない考え方です。今まで多くの女性をケアしてきて、ここを改善しないで体質改善できた人を私はみたことがありません。そのくらい普遍的に重要なところなのです。

実際には小学生、場合によっては幼稚園からその芽が存在していることは、私が日々多くの女性と接していて気づくことです。そして、私がこの世界に入って20年近く経ちましたが、年々呼吸やお腹に問題を抱える女性が年齢問わず増えてきていると実感しています。

なぜこれほどに様々なものが発展してきたのに、体を壊す人が後を絶たないのだろう？ 今、症状や病名、対策や対処法を知るだけではなく、人間という存在を丸ごとみるという全体観が求められているのではないか？ そう感じます。

この考え方に基づいてケアし、今まで本当に数えきれないほどの女性が元気になり、彼女たちは仕事でもプライベートでも充実した日々を送ることができています。

そんな元気になったクライアントさんたちから言われたことがあります。

「どうしてこの考え方が、こんなに大切な事があまり知られていないのですか？」

「みんなが知ったらもっと元気になる人が増えるはず」

「自分の子供にも伝えたい！」

そういった声は、一人や二人ではなく数多くの方から寄せられます。そのクライアントさんたちの声や私自身が「これだけは絶対抑えてほしい」と思うところを、声を大にして伝えたいという想いが本書の出版に至った経緯です。

本書には、これまで治療院でのセッションや会員制の講座、一般向け講座や企業・団体向け講座、親子教室などで伝えてきたエッセンスを凝縮しています。

決して簡単な内容、お手軽な内容ではありませんが、しっかり読み込んで実践していただければ幸いです。

不調は「改善しなければならない」「これをやらなければならない」ではなく、自分が不調体質から脱却して元気になったら、体の悩みがなくなったら、どんな未来が待っているのか？　これを想像してほしいです。それを決めるのは誰であろう、あなた自身です。

この本が、一人でも多くの方の手元に届き、体質が変わる、ピンチをチャンスに変えるきっかけとなることを心から願ってやみません。

ここで紹介されている考え方やメソッドは、全て実際のクライアントさんたちとのやり取りの中で生まれ、磨かれ、進化してきたものです。クライアントさんたちには感謝してもしきれません。

また、ワニブックスの編集者である吉本光里さん、ライターの江川知里さんには私のわがままを色々と聴いてくださったことに感謝いたします。

最後に、公私共に志を共有できる透視ヒーラーの井上真由美さん、呼吸の叡智を常に教えてくれるパートナーの森田敦史、いつも私の原動力になってくれている息子、産んでくれた両親、支えてくれている兄弟・友人たちに心から感謝いたします。

呼吸整体師　森田愛子

「息苦しい」は、病気の始まり！

多くの女優・一流経営者が通う「呼吸のプロ」直伝。
ラクに息が吸え、痛みをぶり返さない体になる本

酸欠が治れば
自然治癒力はぐんぐん上がる！

いつもの呼吸で病気を流す

森田愛子 著

定価（本体1200円＋税）

不調が消える！体がコンパクトに！

奇跡の3日腹ペタ

著者	森田愛子
	2017年 3 月10日 初版発行
	2018年11月25日 3 版発行
発行者	横内正昭
編集人	青柳有紀
発行者	株式会社ワニブックス
	〒150-8482
	東京都渋谷区恵比寿4-4-9 えびす大黑ビル
	電話 03-5449-2711（代表） / 03-5449-2716（編集部）
	ワニブックスHP https://www.wani.co.jp/
	WANI BOOK OUT http://www.wanibookout.com/
	美人開花シリーズHP http://www.bijin-kaika.com/
印刷所	凸版印刷株式会社
DTP	アレックス（ワトム）
製本所	ナショナル製本
構成	江川知里
装丁	藪内新太
撮影	長谷川 梓
ヘアメイク	国府田 圭
イラスト	中村知史
校正	玄冬書林
編集	吉本光里（ワニブックス）

本書で紹介した方法を実行した場合の効果には個人差があります。また、持病をお持ちの方、現在通院をされている方は、事前に主治医と相談の上実行してください。

ISBN 978-4-8470-9547-4